ロジャーズの
中核三条件

◆◆◆

一致

カウンセリングの本質を考える ①

Congruence

村山正治――［監修］

本山智敬・坂中正義・三國牧子――［編著］

創元社

Introduction

坂中正義・本山智敬・三國牧子

　心理臨床に携わる者にとって、カウンセラーの本質的態度としてのロジャーズの"中核三条件"（一致、無条件の積極的関心、共感的理解）は、臨床実践の基盤をささえるものとして広く認知されている。また、この態度は、カウンセラーのみならず、あらゆる対人援助職に共通して必要な態度条件であるともいわれている。しかし、有名であるが故に基礎的知識として学びはするものの、どれだけの人がこの態度条件と真摯に向き合い、その意味を深く理解しているであろうか。

　このような風潮を危惧してか、最近、"中核三条件"についての学会誌での特集やシンポジウムなどが増えている。喜ばしいことである。ロジャーズの"中核三条件"の一つひとつを丁寧に捉え直していくことは、一見、懐古的なようで、逆に新鮮な問題提起となるであろう。そのようなことを意図して、2011年初頭から編者のあいだで暖めてきたのが本シリーズである。

　本シリーズの構成について述べる前に、"中核三条件"について簡単に言及しておきたい。そもそも"中核三条件"とは、人間性心理学のひとつであるパーソンセンタード・アプローチを発展させたカール・ロジャーズが1957年に提示した「治療的パーソナリティ変化のための必要十分条件」の六条件のうち、カウンセラーの態度に関わる第3条件、第4条件、第5条件をピックアップしたものである。Rogers（1957）が提示した六条件は以下の通りである。

(1) 二人の人が心理的な接触をもっていること。
(2) 第一の人（クライエントと呼ぶことにする）は、不一致の状態にあり、傷つきやすく、不安な状態にあること。
(3) 第二の人（セラピストと呼ぶことにする）は、その関係のなかで一致しており、統合していること。
(4) セラピストは、クライエントに対して無条件の積極的関心を体験していること。
(5) セラピストは、クライエントの内的照合枠に対する共感的理解を体験しており、この体験をクライエントに伝えようと努めていること。
(6) セラピストの体験している共感的理解と無条件の積極的関心が、最低限度クライエントに伝わっていること。

（坂中, 2014より）

　以下、"中核三条件"について、その概要を述べる。なお、いずれの態度もいくつかの表記があるが、本シリーズでは統一した表記を用いる。そのために編者間で行った議論もここで示す。

*****

　第3条件が《一致》である。
　セラピストはクライエントとの関係での自己の内的な体験に気づき、ありのままの自分でいようとする。つまり、関係のなかでセラピストが体験していること（体験レベル）と、意識していること（意識レベル）とが一致しているということである。
　このように書くと、セラピストはあたかも模範的人間でなければならないように聞こえるかもしれないが、実際はそうではない。セラピストの体験には「このクライエントの話が聴けない」とか、「自分はこの人のことを怖がっている」といったマイナスの感情が含まれることもあろう。しかし、こうした体験を自分の意識に否定せず、純粋で偽りのない姿でいようとすることが大切なのである。

またここで誤解してはいけないのは、セラピストが自分の感情の全てを包み隠さずクライエントに伝えることが一致の態度なのではない、ということである。クライエントに伝えるかどうか、伝えるとすればどのように伝えるかを、これまた自分の内的体験を丁寧に吟味しながら考えていくことそれ自体が、この態度条件の本質だといえる。このようにクライエントとの間に真実の関係を作ろうとするセラピストの態度に触れ、クライエントは少しずつ自分のなかの真実に目を向け、探求するようになるのである。

なお、本書では《一致》と表記する。この態度は〈自己一致〉と表記されることも多いが、この表記は、この態度のもつ「セラピストとクライエントの関係のなかでの」という特質を適切に表していないと編者は考えた。〈自己一致〉といってしまうと、どこかクライエントの文脈が外れて、あたかも一般的な「セラピストのあるべき姿」として語っているかのように感じられる。また、「伝える」という側面を強調するような用語として、日本では染み付いている感じがするので、そこから脱却したいという思いも込めている。

第4条件が《無条件の積極的関心》である。

カウンセリングでは、クライエントの「ここではどんなことを話しても大丈夫な場である」という感覚が大切である。それは「心理的に安全な雰囲気・関係づくり」とかかわっている。そのためには、カウンセラー自身の「良い」「悪い」といった価値判断を脇において、評価せずにその人そのものへ積極的な関心を持つことが大切である。

日頃の人間関係は「あなたが私の意見と同じ場合には関心を向けますよ」といった、条件付きの関心であることが多い。しかし、カウンセリングでは、クライエントへ積極的関心を持つことに何の条件も存在しない、そのようなカウンセラーの在り方が《無条件の積極的関心》である。

評価せずにとは、否定しないことは言わずもがなであるが、肯定することも同様に評価とみなす。そういった話の内容にとらわれず、相手そのものを聴くことがこの態度である。虚心坦懐に相手に耳を傾ける、その人の

存在を大切にするともいいかえられよう。この態度は、クライエントの受け入れられているという実感につながり、この場の安全感を醸成する。また、カウンセラーにどう評価されるか（ひいては、他者にどう評価されるかにつながる）ではなく、自分自身は何を体験し、感じているのかという自身との対話を促進する。

　なお、本書では《無条件の積極的関心》と表記する。この態度は英文では"Unconditional Positive Regard"であるが、PositiveとRegardの訳の組み合わせから、〈無条件の積極的関心〉〈無条件の肯定的関心〉〈無条件の積極的配慮〉〈無条件の肯定的配慮〉の四つの表記がある。

　「肯定的」ではなく「積極的」としたのは、「肯定的」は、支持、励ましといった誤解とつながる懸念からである（もちろんこの場合の「肯定的」は、人格のあらゆる面を深い部分で取捨選択なく「みとめる」という意味であり、その説明にも一定の理解はもっている）。

　「配慮」でなく「関心」としたのも、ほぼ同様の理由で、中立的なニュアンスの強い「関心」を使うこととした。

　なお、この態度を単純に〈受容〉と表現することがある。この用語は日常的で分かりやすいが、それゆえ誤解を受けるおそれがあること、また、《無条件の積極的関心》に比べ、多義的であることから、本文中では用いないこととした。ただし、あまりに流布した用語であることは考慮して、分冊タイトルには並記した。

　第5条件が《共感的理解》である。
　《共感的理解》は、カウンセラーがクライエントの話を理解していることを示すために、とても大切な役割を果たしている。クライエントはカウンセラーに話をする。そして、カウンセラーはその話を聴き、クライエントの生きている世界、感じている現実、考えや感情的な部分などを、クライエントの感じているままに理解しようと努める。そしてカウンセラーは、クライエントの言葉を用いて、時にはカウンセラー自身の言葉に代えてその理解をクライエントに伝える。

　多くのクライエントは「自身の話をわかってもらいたい」「自分のことを

知ってもらいたい」と願っており、カウンセラーが共感的理解を示すことにより、クライエントが「カウンセラーに分かってもらえた」「知ってもらえた」と感じることが可能となる。そしてこのような感じは、クライエントが自身をより理解したり、新しいことや困難な事に直面したりする時に、自分ひとりで行うのではなく、カウンセラーが共に自身の困難な選択に付き合ってくれると感じ、より大きなステップを歩む手助けとなる。またカウンセラーによる《共感的理解》は、クライエントのカウンセリングのプロセスを促すことに役立っている。そしてクライエントがより自分自身を理解することとなる。

　なお、本書では《共感的理解》と表記する。この態度は〈共感〉と表記することもあるが、「共感」という言葉はあまりに日常化され過ぎており、それゆえ、日常的に使っているものと混同されることが懸念される。また、この態度では、クライエントを「理解」しようとする姿勢が大切であり、「理解」という言葉を伴って初めて正確に表現できると考えるからである。

＊＊＊＊＊

　本シリーズは、単なる"中核三条件"の解説・入門書にとどまらず、新たな視点に触れられるように構成を検討した。よって次のような意図をもって編集されている。

- 入門書ではないが、初学者にも配慮した構成とする。
- 心理臨床家をはじめとする対人援助職にとって、自分の実践を振り返る機会となるような内容とする。
- 単なる理論紹介ではなく、実践に根ざした論も盛り込む。
- 海外のロジャーズ派心理臨床家の論考も紹介する。
- ロジャーズ派だけでなく、他学派からみた中核3条件論も収録する。

　以上をふまえ本シリーズは、《一致》《受容：無条件の積極的関心》《共感的理解》の三分冊とし、各分冊は基礎編、発展・実践編、特別編の三部構成とした。

基礎編では、その分冊で取り扱う態度条件についての基礎的な知見を編者が解説している。

　発展・実践編では、その分冊で取り扱う態度条件についての発展的な議論や実践面での論考を収録した。いずれもフォーカシングやエンカウンター・グループも含む、パーソンセンタード・アプローチにおける第一人者に執筆いただいた。

　特別編では、海外のパーソンセンタード・アプローチ実践家や、他学派の先生方からそれぞれ一名ずつ"中核三条件"についてご寄稿いただくことができた。

　巻末に掲載されている監修者へのインタビューは、編者三名で行った当該分冊の監修者との質疑の記録である。紙面が許せば全内容を掲載したいところであるが、ここでは本シリーズの趣旨に則って、"中核三条件"に関わる部分の抜粋を掲載した。

　なお、パーソンセンタード・アプローチの実践面の広がりも考慮し、心理臨床も含む、教育や看護等の様々な領域で活躍されている方々からの"中核三条件"にまつわるコラムも収録した。

　巻末には、パーソンセンタード・アプローチに関わる基本文献リストとして機能させるべく、本シリーズで引用された文献を三分冊共通で掲載した。

　このシリーズがきっかけとなり、カウンセラーのみならず、教員・看護師・保育士など多くの対人援助職において、"中核三条件"が示している「どうあるか」という援助者のありようや、援助者-被援助者との関係性に光があたることを願う。

　最後に本書の企画段階から積極的にご賛同くださった創元社と、刊行に向けて、一貫して企画をまとめ、粘り強く作業を続けていただいた、編集部の津田敏之さん、宮﨑友見子さんに厚く御礼申しあげたい。お二人には、時に編集作業が停滞し、ハラハラさせたのではないかと推察するが、そんな時もしっかりと伴走していただけた。このような「編者センタード」編集者と出会えたことにこころから感謝したい。

目 次

Introduction i

基礎編

一致をめぐって 4
本山智敬
C0

発展・実践編

治療者がみずからの内的体験を
そのままに体験し保持することの意味 26
――非行臨床の経験から
羽間京子
C1

クライエント中心療法における一致の臨床的検討 35
大石英史
C2

ファシリテーターの一致について 44
中田行重
C3

フォーカシング指向の観点から一致を考える 55
――セラピストの真実性はどのようにクライエントの変化に貢献するのか
日笠摩子
C4

一致からみた共感的理解 66
――レゾナンスモデルをささえるセラピストの《一致》
田村隆一
C5

特別編

［海外からの寄稿］

表現すること、一致、そして中核条件 …………………… 76
キャンベル・パートン（本山智敬・三國牧子監訳／高下恵子訳）

C6

［他学派からみた中核三条件］

なぜ不可能なのか？　からの出発 …………………… 90
──関係という視点
成田善弘

C7

コラム

日常の現場で三条件を体感して …………………… 24
──遊戯療法での体験
安部順子

「現場」で聞く一致 …………………… 54
野口　真

看護と一致 …………………… 88
広瀬寛子

読書、物語作り、そして中核条件 …………………… 95
──私の個人的見解
ルース・ジョーンズ

聴いて学ぶ　中核三条件 …………………… 97
クライエントの力とセラピストの専門性
村山正治

文献 …………………… 105
索引 …………………… 118

日本におけるPCAの発展とこれからの挑戦 …………………… 125
──あとがきにかえて

ロジャーズの中核三条件
〈一致〉

カウンセリングの本質を考える[1]

基礎編

Congruence

一致をめぐって

本山智敬

《一致》とは何か

《一致》とは、ロジャーズが著名な論文『パーソナリティ変化の必要にして十分な条件』（Rogers 1957）のなかで挙げた6つの条件のうちの〈第3の条件〉であり、以下のように説明されている。

> 第二の人（セラピストと呼ぶことにする）は、その関係のなかで一致しており *congruent*、統合して *integrated* いること。（伊東・村山 監訳 2001, p.267）

また、ロジャーズはこの〈第3の条件〉について、次のように述べている。

> 第3の条件は、セラピストが、この関係の範囲内では、一致した *congruent*、純粋な *genuine*、統合された *integrated*〔引用者註〕人間でなければならない、ということである。それは、この関係のなかで彼が、自由に深く自分自身であり、彼の現実が自分自身についての彼の気づきによって *by awareness of himself* 正確に表現されるという意味である。それは、意識的にせよ無意識的にせよ、表面的なものだけを表現することの反対なのである。（久能他 訳 1997, p.102）

ここで述べられている事柄は、「一致 *congruent*」の他にも、「純粋な *genuine*」「統合された *integrated*」「真実 *real* で居ること」「透明 *transparent* であること」といった言葉で表現されている。まずは、《一致》の語意について、ロジャーズの自己理論を通して考えてみたい。

ロジャーズは、「人格と行動についての理論」（Rogers 1951）のなかで、かの有名な、経験と自己概念の二つの円からなる図式を説明している【図1, 2参照】。図1と図2はそれぞれ全体的パーソナリティを表し、図1は心理的な緊張の状態にある人格、図2は心理療法が成功裏に集結した後の状態にある人格を指している。領域Ⅰは経験と自己概念が一致しており、領域Ⅱは経験がゆがめられ、領域Ⅲは経験が否認されている。それぞれの領域の具体例も挙げられている。ロジャーズは、経験と自己概念との不一致が大きくなった場合を、心理的不適応の状態であるとした。

これをセラピストの態度条件としての《一致》に当てはめて考えると、経験は「セラピストがクライエントとの関係の中で経験していることの全体」であり、自己概念は「セラピストがクライエントとの関係の中で意識していること」であると言えよう。つまり、セラピストが一致している状態とは、クライエントとの関係の中で経験していることをゆがめたり否認したりするのではなく、ありのままに気づき、意識しているということを指している。

さらに、一致している状態について、ロジャーズは、セラピストが意識化している自分の感じを、適切ならばクライエントに「伝える」という側面にも言及している。

> もしも私が、自分はこのクライエントとの接触によってどうもつまらない感じがしている、と感じて、この感じが続くならば、私は、彼のために、およびわれわれの関係のために、この感じを彼とともにわかたなければならないと思うのである。（Rogers & Truax 1967／手塚訳 1972, p.179）

つまり、ここでいうセラピストの《一致》とは、まずは①クライエント

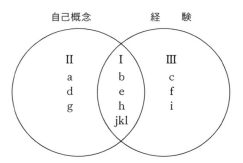

図1　全体的パーソナリティ

Ⅱa 「私は機械を取り扱うことがまったく苦手で、それが何事もうまくいかないことの一つの証拠なのです」。これは、外側から投入された概念、およびその概念と結びついた価値観であり、本人がその両親から受け継いだものである。
Ⅰb 私は機械装置を操作できないことを体験する。これは、何度も起こっている直接的な体験である。このような体験は自己の構造と一致しているために、その中に取り込まれる。
Ⅲc 難しい機械の操作に成功している体験。これは、自己概念と一致せず、そのために直接に意識に入ることが許されないような感覚的な体験である。

(Rogers, 1951, p.526（久能ら, 1997, p.93）を一部修正)

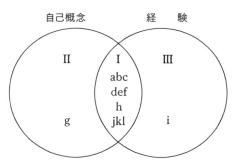

図2　全体的パーソナリティ

Ⅰa 私は機械は苦手であると両親が感じたこと、そしてこのことは両親にとっては否定的な価値観であった、ということがわかった。
Ⅰb 私自身の体験が、いろんな仕方でそうした評価を確認している。
Ⅰc しかし、私はこの方面に多少の能力をもっている。

(Rogers, 1951, p.526（久能ら, 1997, p.93）を一部修正)

との関係の中で経験していることがらと、②セラピスト自身が意識していることがらとが一致しており、必要に応じて、③セラピストの自己表明がなされた際に、これら三つが調和していることを指している。セラピストの自己表明については難しい問題をはらんでいるので、後で改めて述べることとする。

　それでは次に、《一致》をめぐって、ロジャーズの考え方がどのように移り変わっていったのかについてまとめてみたいと思う。

ロジャーズの考え方の変遷

✚ 中核三条件の萌芽──『問題児の治療』(Rogers 1939)

　ロジャーズの臨床活動は、児童相談機関における児童臨床から始まった。そのときの臨床実践をまとめた、ロジャーズの最初の論文といえるものが、この『問題児の治療』である。このなかでロジャーズは、セラピストの適性として四つの要因を挙げている（久能ら 1997）。

> **客観性**：感情的・道徳的に偏りのない態度で、過度に陥らない共感の能力、純粋で受容的で関心のある態度、道徳的判断を下すこともなく、動揺したり、恐れたりすることもない、深い理解を含んだ基本的客観性。
> **個人の尊重**：子どもの本来の姿への心からの尊敬。子どもが自分の問題を自分で解決していく自由を与えること。
> **自己理解**：セラピスト自身、自己の顕著な情動様式、自分自身の限界と短所についての健全な理解。
> **心理学的知識**：人間の行動とそれを決定する身体的・社会的・心理学的要因についての十分な基礎知識。

　ロジャーズは、このうちの心理学的知識については「それ自体では何ら治療技術をもっているという保証にはならない」(p.294) と述べ、セラピストの根本的条件として、知識よりも態度を重視した。最初の三つの要因

はそれぞれ、後の「共感的理解」「無条件の積極的関心」「一致」と捉えることができる。後に理論化される、セラピストの態度としての"中核三条件"の発想は、すでにこのときから始まっていたのである。

✣「体験に開かれている」ということ
―― オバーリン大学での講演にて（Rogers 1954）

心理療法を受けた人はどのような人間になるのか。ロジャーズは、1954年に行われた講演のなかで、この問いに対し、「体験に開かれている」という言葉を用いて次のように述べている。

> 心理療法の〔引用者訳〕プロセスのなかで、人は自分の体験にもっと開かれてくると言えるだろう。この「体験に開かれている」という言葉は、私にとって、大きな意味を持つようになってきた。〔中略〕人は自分自身の感情や態度を、自分の中に生命体レベルで存在しているままに意識するようになってくる。〔中略〕人〔引用者訳〕は新しい状況を、自分が以前から保持している型にあてはめるために歪曲することなく、ありのままに受け取ることができるのである。〔中略〕この瞬間に、自分や状況の中に存在しているものに対する、この意識の開放性は、心理療法の中から現れる人間を記述するときの重要な要素だと思われる。（諸富訳 2005, p.110-111）

ここには、前出の経験と自己概念の一致／不一致という考え方が背景にあることは言うまでもない。このようなクライエントの変化を促進するためのセラピストの態度として、セラピスト自身がその瞬間に体験に開かれていること、と言い換えることができる。この三年後に発表された"必要十分条件"のなかでの《一致》という態度には、こうした側面が含んでいる。

✣ さまざまな援助関係に共通した態度
―― 『援助関係の特質』(Rogers 1958)

『パーソナリティ変化の必要にして十分な条件』(Rogers 1957) のなかでロジャーズは、「セラピーにおけるこれらの条件は、ほんの瞬間的であっても、よい友情関係などでも満たしていることがあるし、セラピー関係というのは、こうした日常の他の関係のなかにもしばしば見られる建設的な性質を高め、より長時間続くようにしたものである」という見方を示した。『援助関係の特質』では、こうした考えを、よりさまざまな援助関係に共通したものとして発展させていった。ここで言う援助関係とは、一般に成長を促進することを目指している広範囲の人間関係を指している。セラピストとクライエント関係(精神的な病に苦しむ人から「正常」ではあるが人格的成長を求めてくる人までを含む)はもとより、親子関係、医師−患者関係、教師−生徒関係、さらには職場での上司−部下の関係、集団におけるリーダーとメンバーの関係、企業コンサルタントと経営グループの関係など、個人と個人、個人と集団の関係が含まれている。

ここでのロジャーズの問いはこうである――「私はいかにして援助関係を作り出すことができるか」。この問いに対し、《一致》に関しては次のように述べている。

> 私の経験からは、たとえば一貫して受容的に振る舞おうとしても、私自身が実際に不愉快に感じたり、懐疑的になったり、あるいはその他の受容的でない感情を感じていた場合、長い間にはいずれ必ず、相手に、この人は一貫していないとか信頼できないと感知されることを痛感してきた。信頼に値するということは、厳密に矛盾なく一貫していることが必要なのではなくて、私が一貫して本当の自分 *dependably real* であることが必要なのだと認識するようになった。「一致した *congruent*」という用語は、私がこうありたいと思うあり方を表すためによく使ってきた言葉の一つである。「一致」とは、私が体験している感情や態度がどのようなものであっても、その態度に自分が気づくこと *awareness* によって、それと矛盾しないでいられるという意

味である。これが実現できたとき、その瞬間、私は一つのまとまりのある統合された人間 *a unified or integrated person* であることができるし、どんなに深いところでも自分自身であることができるのである。（末武訳 2005, p.51）

　また、一致におけるコミュニケーション（自己表明）の側面に関しても、次のように述べている。

私は、自分がこのような人間であることが相手に明らかに伝わるように、自分を十分に表現できるだろうか？〔中略〕私が相手に対して不快な気持ちを体験していながら、しかも自分ではそれに気づいていないときには、私のコミュニケーションには矛盾に満ちたメッセージが含まれてしまう。〔中略〕私が関係の中である程度自己一致しているならば、またその関係に関するどんな感情も自分に対しても相手に対しても隠さないでいられるならば、その関係は援助的なものになっていく、ということに、私は相当の確信を持つことができる。（末武訳 2005, pp.51-52）

　この論文は"On Becoming a Person"（1961）（諸富ほか訳『ロジャーズが語る自己実現の道』2005）に掲載されている。ロジャーズは本書において、「こうあるべきだ」ではなく「私はこうありたい」という語り口で、自身の経験を通して非常に分かりやすく説明しており、多くの読者の共感を得た。

✚ 自らの経験として語る ── 『私を語る』（Rogers 1961）

　同書（Rogers 1961）の第1章では、'This is Me'（「私を語る」）と題し、ロジャーズが自分自身について述べている。自分の生い立ちについて紹介した後、「経験から学んできた重要な事柄」として記述している箇所がある。その部分で、《一致》に関することを、一致という言葉を用いずに、以下のように述べている。

> 私の人間関係では、私が本当の自分自身でないように振る舞うならば、結局それは、援助にはならないことに気づいた。実際は腹を立て、批判的なのに、静かに楽しそうにするのは、援助的でない。回答を知らないのに、知っている振りをするのは、援助にならない。その瞬間に敵意を感じているのに、愛しているようにするのも援助にならない。〔中略〕ここで述べたことを、言い換えれば、私と他人との人間関係では、仮面をつけていようと努力すること、つまり表面上はある行動をとりながら、心の底ではまったく別のことを感じているときは、私は援助的でも効果的でもないことに気づいている。(村山訳 2001, p.20)

ロジャーズは、ここで述べていることは私にとって重要なものであって、他の人に当てはまるかどうか分からない、また他人への指針として提供するつもりはないとしているが、一致の本質について、とても平易な言葉で明快に示していると言えよう。

✚《一致》(純粋性) の強調
──『治療関係とそのインパクト』(Rogers & Truax 1967)

本書は、いわゆるウィスコンシン・プロジェクトと呼ばれる、壮大な実践的研究の成果をまとめたものである。このプロジェクトでは、ロジャーズらがこれまで示してきた態度条件の適用を、いわゆる神経症圏のクライエント(中間層)から慢性精神病患者や健常者へと拡大できるのかを、リサーチによって検証しようとしたのである。

リサーチのプロセスおよび結果から、ロジャーズは、セラピストの態度条件のなかで《純粋性》が最も基本的で重要なものであるという見方を示した。そのきっかけの一つは、以下のような経験である。

> しだいにクライエント-中心のグループは、この方法 (感情の反射——引用者注) が、ひとつのむしろぎこちない模倣、すなわち、その背後に、恐れているか、葛藤しているか、さもなければ関与していない、ひ

> とりのセラピストが、隠れていることができるような一種の公式、という落とし穴へと、開かれている、ということに気づいたのであった。『あなたは……と感ずるのですね』、という反射の公式は、逐語記録の上ではよく見えるかもしれなかったが、行為においては、それは、ひとつの深い応答から、ひとつの不自然な仮面にいたるまで、さまざまでありえたのであった。（ロージャズ全集 第19巻, pp26-27）

つまり、同じ「感情の反射」であっても、それがどのような態度でなされたかによって、その伝わり方は大きく異なるということへの気づきである。
　また、次のようにも述べている。

> 自分の経験しているいろいろの感情を自分自身に否定しないということ、および、彼（セラピスト）が、進んで、その関係において存在するどのような持続的な感情でも、すきとおって見えるほどそれらの感情でいて、もしも適当ならば、彼のクライエントにそれらを知らせるということ、なのである。（手塚訳 1972, pp.178-179）

　本プロジェクトにおいて、統合失調症患者や動機づけの低い健常者との面接は困難を極めた。しかし、そうした状況にあっても、セラピストが相手との関係のなかで感じていることを意識化し、それに基づいて自己表明していく態度が、クライエントとの新しい関係を生み出していくということを発見したのである。
　先述のとおり、《一致》の源泉は『問題児の治療』のなかでの「自己理解」にあると考えられ、故に「セラピストがセラピーのなかで経験していることを自覚していること」が《一致》のベースとみなすことができる。しかし、本プロジェクトにおける、セラピストの能動的な働きかけがないと心理的接触が困難である人たちとのかかわりを通して、《一致》の概念が「静的」なものから、より「動的」なものへと変遷していったと思われる。
　セラピストの自己表明は、「クライエントとの間に援助的な関係をいか

に作り上げていくか？」という問いのなかから生まれてきた、セラピストの工夫の一つであると捉えることができよう。

✣《一致》概念の総括
—— 『パーソン-センタード・アプローチの形成』(Rogers 1979)

　その後、エンカウンター・グループへと実践の中心を移していったロジャーズが晩年にまとめた"A Way of Being"(Rogers 1980; 畠瀬直子監訳『人間尊重の心理学』1984) に収録されている論文がこれである。自身のこれまでの歩みを「今は『パーソン-センタード・アプローチ』と呼ぶのが一番適切」(畠瀬訳 1984, p.109) と述べ、このアプローチの中心的仮説、そして成長促進的雰囲気を出現させるための三つの条件のひとつとして、《一致》の態度をこのように記述している。

> 第1の要因は、純粋で偽りのない姿で居ること、真実で*real*居ること、一致して居ること、である。セラピストが関係の中で自分自身であり、専門家としての仮面や、個人としての仮面をつけていなければいないほど、クライエント〔引用者訳、以下同〕が建設的な変化成長を遂げる可能性も増す。セラピストがその瞬間に内部でうごめいている感情や態度のままに居るということである。『透明*transparent*』という言葉がこの状態（条件）の雰囲気を伝えている。すなわち、セラピストは自分自身をクライエントに対して透明にする。したがって、クライエントは、関係の中でセラピストがどう居るかを見透すことができる。つまり、クライエントは、セラピストが何かを隠しているとは体験しない。一方セラピストは、自分が体験しつつある事柄を意識することができ、その体験のままに関係の中に居ることができ、適切ならばそれの体験を伝えることができる。このように、内奥で体験されつつある事柄と、今意識されている事柄と、クライエントに表明される事柄とが、よく調和している、あるいは一致している。(佐治ほか訳 1996, p.41)

本論文のこの表現が、ロジャーズが提唱した"中核三条件"のなかの《一致》という態度について、自らが伝えたかったことの総括と捉えることができる。「透明」という言葉で一致の状態を表現し、内奥での体験、意識している事柄、そしてクライエントに表明される事柄の調和、一致というかたちで、この態度を示している。

《一致》に関するいくつかの誤解や疑問

《一致》という態度条件は、その概念が難解であるため、その真意を十分に汲み取ることが難しく、誤解や疑問が生じやすい。ここでは、それらのいくつかを取り上げて、《一致》概念の中核にさらに迫りたいと思う。

✣セラピストは常に一致していなければならないのか

まずは、この問いについて考えてみたい。《一致》についての記述に触れると、「セラピストは常に一致しているべきだ」と言われているように感じるかもしれない。しかし、実際はそうではない。このことについて、ロジャーズ（1957）は以下のように述べている。

> セラピスト〔引用者訳〕はこうした統合性、すなわち全体性を、生活のあらゆる局面で示す模範たれ、というのは必要ない（可能でもない）。この関係のこの時間において正確に自分自身であること、すなわち、現実の体験が正確に表現されて自分自身の気づきにもたらされているという意味で、この瞬間において現実にあるがままであること、で十分である。（Rogers／岡村訳 2007, p.65）

つまり、セラピー関係でのその場、その瞬間において、自分自身であるということである。セラピストがクライエントを前にして、二人の関係のなかで援助的であろうとするときに浮かび上がってくる態度であり、セラピー以外でも常に一致していなければならないというわけではない。

また、これは初学者がよく経験することが多いかもしれないが、クライ

エントに対して何らかの否定的な感情がわき起こってきたとき、「私はセラピストとして失格だ」と自分自身を責めてしまうことがある。これについても、ロジャーズはこう述べている。

> このこと（この瞬間においてあるがままであること――引用者註）が、サイコセラピーにとって理想的であるとは考えられないようなあり方であっても、ともかく自分自身であることを意味していることは明らかであろう。彼は「私はこのクライエントを恐れている」とか、「私の注意力は私自身の問題に集中しているので、彼に耳を傾けることができない」というような体験をするかもしれない。セラピストが、このような感情を自分の意識に否定しないで、自由にそうあることができるならば（もっと別の感情であってもよい）、われわれの述べている条件は満たされているのである。（久能他訳 1997, pp.102-103）

「セラピストたるもの、常にクライエントに肯定的な感情を向けるべきだ」と考えているならば、ちょうどロジャーズの自己理論の図式でいう「領域Ⅱ」や「領域Ⅲ」のように、面接中にわき起こってきた否定的な感情を歪曲したり、否認して意識しないままになってしまうかもしれない。クライエントに否定的な感情を持つことは、セラピスト自身、なかなか受け容れることは困難である。しかし、セラピストがそのような感情も自分の中にあることを受けとめ、ありのままでいようとするときに、一致した態度としてクライエントに映るのだと思われる。

　ロジャーズ（1961）自身も、この《一致》の態度でいることがいかに難しいかについて、次のように述べている。

> 私はこれが事実であることを学んでいるのに、決してそれを適切に生かしきれてはいないことを正直に申し上げておきたいと思います。実際、私の人間関係での失敗や他者に対して援助的でありそこなってしまうことの多くは、いくつかの防衛的な理由から表面的にはある行動をとりながら、実際には気持ちがまったく反対の方向に動い

一致をめぐって

ていってしまっているときに起こると説明していいように思われます。(諸富訳 2005, p.21)

また岡村 (2007) は、「一致をめざすということは、結局いかに不一致であるかに気づくということ」であると述べている。一致しようとするのではなく、自分が〈不一致〉の状態であることに気づいていようとする態度である。一致した状態であることがいかに難しいことであるかを自覚すると共に、〈不一致〉の状態であったとしてもそのことに気づき、ありのままに受けとめていくことが、つまりは一致した態度を示しているのだと言えよう。

✣セラピストの自己表明──全てを包み隠さず伝えることではない

次に、《一致》の態度のなかでの「セラピストが意識していることがらをクライエントに伝える」という側面、つまりセラピストの自己表明に関することについて考えたい。「今ここ」においてセラピストの中に生起した考えや感情を包み隠さずクライエントに表明することを《一致》と捉えると、それは非常に危険である。特にその感情が否定的なものであった場合、率直さの名のもとにクライエントを一方的に傷つけてしまうことがあるからである。

増井 (1994) は、「治療者としての純粋性」を重視したあり方を、独自の治療理論を織り交ぜながら、三つのプロセスに分けている。

1. 患者の言動から治療者が多様なものを感じ、それらを治療者はまず広い空間にとにかくカッコにくくっておくという非言語化水準での営み。
2. その置かれたものからその場その場における患者の言動についての治療者の共感的言動にふさわしいものが治療者の内に起こるまで待つ、という非言語水準の営み。
3. 治療者にやや明確になってきたある体験的事象を、可能な限り患者にとり、治療者が「一人の人間」としての共感として伝わるよ

うなメッセージとして患者に伝えるという過程。

　増井はまた、「その基盤は、言語活動水準ではなく、むしろ言語下体験水準のもので、場合によっては『何も言わない』ないし『何も言えない』状態を示す沈黙、という非言語的自己提示それ自体が純粋である場合もある」と述べている。つまり《一致》においては、「何をどのように伝えるか」という言語水準でのプロセスに先立って、セラピストが感じ取ったものについて吟味する非言語水準の営みが丁寧に行われるものと言えよう。

　また、言語水準でのプロセスにおいても、さまざまな工夫が考えられる。「私」を主語として、自分はそう感じているという伝え方（「あなたは今日は怒ってばかりいますね」ではなく、「私はあなたに怒られているように感じていて、ちょっと戸惑っています」など）、私はこう思うがあなたはどうかという問いかけによる伝え方（「私はあなたが怒っているように感じるのですが、どうでしょうか」など）、比喩的な伝え方（「今日は針の上に座っているような、ぴりぴりとした緊張感を感じているのですが」など）といったように、クライエントへの伝え方は多様である（増井 1994 / 大石 2002 / 広瀬 2011）。こうした工夫について、増井は「それを患者が拒否しても、それは治療者の相手への考え違いではなく、また患者にとり治療者に『評価』され、その『評価』違いとしてではなく、むしろ治療者の勝手な感じ違いとすることができる類いのものであり、かつその問いかけにより患者に起る内省の幅を広くさせるものであろう」と述べている。こうした自己表明は、セラピスト自身が発した言葉がクライエントにどのように映るのか、という点について細やかに配慮された表現の仕方が選ばれている。セラピストは、「クライエントとの関係のなかで感じ取っていること」に丁寧に目を向けると同時に、「"自分のこの感じを伝えることがクライエントにどのような影響を及ぼすだろうか"という点についての自分の感覚」にも目を向けることになるだろう。この両者に意識が向いてこそ、《一致》した態度と言える。

✛《一致》と《受容》——相手を受け容れることとの葛藤

　我々がクライエントの話を受容的に聴こうとし、かつ自分自身でいよう

とするとき、どのようなことが起こるだろうか。クライエントの話をどうしても受け容れることができないと感じたとき、クライエントの話を無条件に受け容れたいという気持ちと、そうできない気持ちとの間に葛藤が生じることとなる。この両者の気持ちの間に現れる矛盾や葛藤を、セラピストはどう捉えていったらよいのか。ここに《一致》の大きな難しさがある。

　羽間（2002）は、非行臨床の現場において、「カウンセラーがクライエントに共感し受容しようとするとき、クライエントの言動がカウンセラー自身の価値観や規範意識等と相容れず、カウンセラーに厳しい葛藤が生じる場面は少なくない」と述べ、その両者の分裂 splitting を体験し、保持することの治療的意義について明らかにしている。

　河合（1986）は、自殺したいと訴えるクライエントとの面接場面を例に挙げ、「クライエントが内面において対決を経験しているとき、カウンセラーも自らの内面において対決を経験することこそ共感といえるであろう」と述べている。死にたいと訴えるクライエントの気持ちはとてもよく分かるが、一方では、クライエントに死んで欲しくないという強い気持ちがある。その両者の気持ちのいずれかを選択するのではなく、葛藤を抱えながらもセラピストがそこに居続けることが、クライエントのなかの「死をめぐる相容れない気持ち」に寄り添うことにつながるだろう。

　この問題は、そう簡単に答えが出るものではない。クライエントを目の前にして、その人が投げかけてくることがらに、セラピストが葛藤を抱えながらもどうかかわるのか、その人とどのような関係を築いていくのか。《一致》の態度を突き詰めて考えるとき、セラピストがそのクライエントとの関係をどう生きていくかという最も根本的で重要なテーマに直面するのである。

　佐々木（2005）は、四歳の息子のことで悩む母親とのカウンセリングを紹介している。要約すると以下のとおりである。

> 面接が進むにつれて、セラピストはこのクライエントをちゃんとは受け容れていないと感じるようになった。そして特にクライエントの笑い声に、耳障りな感じを覚えるようになった。カウンセラーは

そのことに気づき始めても、すぐには伝えず、そこで自分が感じ取っていることが何かを反芻した結果、その感じは「耳障りだ」から「苦しそう」に変わっていった。あるとき、同じようなクライエントの笑いの場面で、「お母さんが今みたいに笑うときの声ってなにか、苦しそうに聞こえるんですよ」と伝えた。そしてこのことがきっかけとなって、その後の面接が展開していった。

　セラピストにわき起こったクライエントへの否定的感情は、一見受容とはかけ離れたものにみえるかもしれない。しかし、近藤（1977）も言及するように、そこにはカウンセラーがまだ明確に意識していないクライエントの姿を暗示していることもある。カウンセラーがその感情を丁寧に吟味し、自身が感じていることと合致した言葉を選びとってクライエントに伝えたとき、クライエントについてのまだ明らかになっていない側面に触れていく契機となろう。

《一致》が意味するもの

　これまで、《一致》という態度についてさまざまな角度から検討してきた。そしてここで改めて考えてみたいのは、「ロジャーズが《一致》という態度を通して伝えたかったものとは、果たして何だったのであろうか」という点である。

✛クライエントとの間に援助的関係を作るということ

　まずは、パーソン−センタード・アプローチの基本仮説に立ち返りたい。

　個人は自分自身のなかに、自分を理解し、自己概念や態度を変え、自己主導的な行動をひき起こすための巨大な資源をもっており、そしてある心理的に促進的な態度についての規定可能な風土が提供されさえすれば、これらの資源は働き始める。（Rogers 1986 / 中田訳 2001）

ロジャーズは一貫して、「どうすれば私は援助的でありうるか How can I be of help?」（Rogers 1961）という問いに答えようとしてきた。「セラピストがどう動けばクライエントが変わるか how to do」ではなく、「クライエントが変わるための促進的な関係をどのようにすれば築くことができるのか how to be」という問いである。

　これまで記述してきたとおり、《一致》という態度では、セラピストはクライエントとの関係のなかで自分自身であろうとする。そのことが援助的関係を作ることとどうつながるのかについて、ロジャーズ（1958）は以下のように述べている。

> すなわち、私が自分自身との間に援助的な関係を形成することができるならば──自分自身の感情に感受性豊かに気づくことができて、それを受容することができるならば──私は他者に対しても援助的関係をつくることができる可能性が高まる、ということである。〔中略〕それは、私との関係において他者の成長を促進しようとするのならば、私が成長しなければならないということを意味している。（諸富他訳 2005, p.52）

　つまり、セラピストが自分自身との間に援助的関係を作ることと、クライエントとの間に援助的関係を作ることとは、密接につながっているということである【図3】。《一致》とは、別の表現に言い換えると、「セラピストが関係のなかで自分自身の感情をありのままに受容し、共感的に理解しようとすること」である、と捉えることができる（坂中 2002）。

　そして、そうしたセラピストの態度がクライエントに伝わり、クライエントも同じくこの関係のなかで、恐れながらも自分自身をありのままに見つめ、理解していこうとしていくのではないだろうか。クライエントが成長するためには、セラピストがその場で客観的にクライエントの変化だけを見つめていくのではなく、セラピスト自身がその関係のなかで変わっていくこと、成長することが不可欠であるということを、ロジャーズは、援助的関係を作るうえで重視していたと思われる。

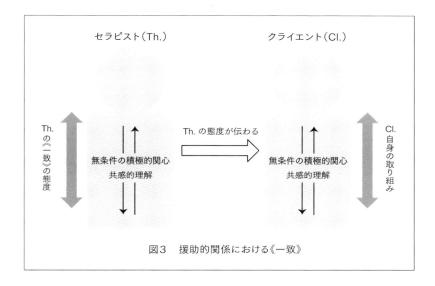

図3　援助的関係における《一致》

✣ ミスマンとの面接から

　最後に、ミスマンとロジャーズとの面接記録(畠瀬監訳 2007)から、ロジャーズがクライエントと築こうとしてきた関係について、もう少し考えてみたい。

　この面接記録は、ロジャーズとミスマンとの実際のセラピー場面(17回目)を撮影したものである。撮影時期は1953年から1955年頃であり、ちょうど1957年に"必要十分条件"の論文を発表した頃と重なる。

　ミスマンは面接の終盤で、先日の健康診断で主治医から不安になるようなことを告げられて恐ろしいような寂しさがこみ上げ、自分が本当に一人ぼっちなのだと感じると涙ながらに語る。そこにロジャーズが『もし誰かが、あなたの……孤独や恐れの気持ちに……かなり入ってきてくれたら、きっといいでしょうね』と伝える。しばらくの沈黙の後、ミスマンは『今、そうして頂けている気がします』と微笑みながら答えるのである。
ロジャーズは、面接の後、振り返りながらこうコメントしている。

> セラピーにおいて、いわゆる逆転移 *counter transference* という奇妙で不運な考えがたくさん出されてきていますが……そうした考えはクライエント〔引用者訳、以下同〕に対するセラピストの本当の感情が持つ意味について、なんらの考慮も見られないことがよくあります。〔中略〕ある意味では、セラピーの中で行われることは、クライエントに対して本当にやさしい気持ちで、その人が本当に自分の感情を持ち、自分の人生を生きていくように援助することであり、セラピストが他の人に与えうる最大のものは、最小ではなく最大のことは、その人の感情に別の人間として、喜んで寄り添って歩んでいくことだということをおわかりいただきたいと思います。

そして、上述の場面については、このように述べている。

> この面接の最高潮の瞬間を別の言い方で述べるとすると……彼女は自分がちょうどいま経験している恐怖と孤独の中を、一緒に歩いてくれる人がいてくれたらという願いに気づき……私が彼女とこうした感情の中を歩いていることを経験したのですが……それをもっと一般的な用語で表現してみると……そのセラピーで、その個人が経験することは……愛されているという経験だと言ってもよいと思います。彼女はその瞬間、まぎれもなくそれを経験していたのです。それは、ある種の、所有欲のない感情です。その愛は、喜んで別の人である他人のために〔セラピストが：引用者注〕自分自身のしかたで自分自身の感情を持つというものです。そして、深い、成功したセラピーでは、ほとんどの場合、クライエントは本当にそのことを経験するのだと思います。

ロジャーズは、セラピストが他の人に与えうる最大のものは「その人の感情に別の人間として、喜んで寄り添って歩んでいくこと」であり、それはクライエントの経験としては「愛されているという経験」であるとした。ここに、ロジャーズが作りたかった援助的関係を見てとることができる。

知識や技法、理論の前に、こうした関係をクライエントとの間でどのようにすれば作ることができるのか。その問いに答えるべく、後に"中核三条件"と呼ばれるセラピストの基本的態度を提唱し、そしてまた、《一致》を強調したのである。
　ここでいう「愛」は、決して二者関係が一つに融和することを意味しているのではなく、増井（1994）のいう『「相互一人称化」の過程』と捉えることができよう。セラピストがその場で「私」を生きることにより、クライエントも一人称としての「私」を提示しやすくなる。セラピストがその場で感じていることを大事にしながら、自らも変化していくことを恐れずにクライエントの前にいるとき、クライエントの一人称化はさらに深まる。そして、セラピストとクライエント相互の、かけがえのない「私」の交流こそが、クライエントが元々持っている「巨大な資源」に働きかけるのである。

＊本稿は、『人間性心理学研究』第31巻第2号に掲載の特集論文「傾聴と信頼―『一致』に焦点を当てて―」（本山, 2014）の一部を加筆修正し、新たにまとめたものである。

Column

日常の現場で三条件を体感して
― 遊戯療法での体験 ―

安部順子

　学生時代、遊戯療法を学び始めてすぐの頃、担当する子どもの問題について詳しい状況を知らないままに、遊戯療法を開始したことがあった。それは、「先入観を持つことなく子どもに関わらせよう」という親面接者（兼スーパーヴァイザー）の意図だったのだろうと思う。今回、遊戯療法における"三条件"を改めて考えてみると、ふと、その時の体験が、なつかしくよみがえってきた。

　10回程度の遊戯療法過程で、その子（幼稚園年長組　男児）は、最初はおずおずと、そのうちさかんにおしゃべりをしながら、箱庭作品を作っていった。事前の情報がないなかでは、まさに「今・ここ」での関係しかなかったわけで、セラピストとして筆者は、とにかく子どもの動きを邪魔しないように相槌をうちながら、見守っていた（受容）。その子のいきいきとした様子は筆者の気持ちもいきいきとさせ（共感的理解）、筆者はその子が変化していくことを不思議に思いながら、ふたりの世界を楽しんでいた（一致）。ちなみに後からわかった、その子の問題は「引っ込み思案で集団に入れない」というものであった。そして筆者との関わりは「友だちと遊びたいからあそこ（遊戯療法）にはいかないでいい」というその子の言葉で終結となった。

　筆者にとってこの体験は、遊戯療法のセラピストとしての原点である。とはいえ、筆者だけの特別な体験と思っているわけではない。先入観を持たずに見守りながら、一緒に楽しむことで、子どもが変化することを体感するセラピストは多いのではないだろうか。もちろん、「楽しむこと」は「はしゃぐこと」だけを意味するわけではない。「味わう」や「心地よく過ごす」といったことも含めて、広い意味で「楽しめているかどうか」は遊戯療法におけるセラピストの《一致》と繋がっているように、筆者は感じている。

発展・実践編

Congruence

治療者がみずからの内的体験を
そのままに体験し保持することの意味
―非行臨床の経験から―

羽間京子

はじめに

　パーソンセンタード・セラピーの中核条件である、クライエントへの《無条件の積極的関心》の体験と伝達、《共感的理解》の体験と伝達、《一致・純粋性》を実現し続けようと努力する治療者ならば、これら三つが調和せず、動きがとれなくなる現実に、必ずや直面しよう。不調和にとどまらず、明らかに対立することもある (cf. 佐治・岡村・保坂 2007)。

　そのような治療者における対立の状態が、より鋭く生じる臨床場面の一つに、非行臨床がある。ここでいう非行臨床とは、法的規定に基づき、非行少年と認定された子ども（未成年の男女）の健全育成を期して実施される、公的機関による処遇を指す。具体的には、家庭裁判所、少年院等の矯正施設、保護観察所等での関与である。非行臨床では、非行少年の言動が、その処置を担当する者［以下、処遇者］の規範意識などと相容れず、否定的な感情が生じ、さらに、処遇者が社会防衛上の観点から見過ごせないと感じ、それらの思いが、少年を理解し受容しようとする思いと対立して、厳しい葛藤が生じることが少なくない。

　本論では、このように、少年の言動をめぐって非行臨床の処遇者のなかに生じる葛藤や対立の体験を取り上げ、処遇者のありようを《一致・純粋

性》の観点から検討するとともに、その内的体験の治療的活用について、事例を踏まえながら論じていきたい。

なお、筆者は元保護観察官であり、以下で述べるのは、非行臨床のなかでも、保護観察（社会内処遇）の臨床場面である。そこで、あらかじめ、保護観察の対象となる非行少年について簡単に触れたい。

少年法（第3条第1項）は、非行少年として、①犯罪少年（14歳以上）、②触法少年（14歳未満）、③ぐ犯少年を規定している。たとえば、犯罪少年の事件は、警察等に発見された後、検察官を経由する場合としない場合があるが、全件が家庭裁判所に送致される。また、触法少年は、都道府県知事または児童相談所長から送致を受けたときに限り、家庭裁判所が審判をすることができる。

犯罪白書によると、平成24年と25年の少年の一般保護事件（ぐ犯及び自動車運転過失致死傷等の業過等保護事件を除く）では、8割弱が家庭裁判所で審判不開始または不処分となり、その後の公的機関による関与はない。要保護性が高いとして保護処分（保護観察、児童自立支援施設等送致、少年院送致）に付される少年は約2割で、一方、刑事処分相当として検察官送致となる犯罪少年は1％に満たない。保護観察の対象となる少年は、主に、①家庭裁判所で保護観察決定を受けた少年と、②少年院に送致された後に仮退院を許された者であって、彼／彼女らは、非行少年のなかでも問題性の大きい少年と言える。

非行臨床の処遇者により鋭く生じる葛藤状態について：非行少年の言動をめぐって

一般の相談機関等でのカウンセリングも、規範や善悪の問題から自由なわけではない。しかし、非行臨床は前記のように法的規定のもとにおこなわれる営みであり、常に規範や善悪の問題がからむ。また、その目的は少年の成長発達と社会防衛という、時に対立しかねないものである。機関によって具体的には異なるが、一定の要件のもとに少年を身柄拘束する権限を与えられることもある。一方、対象となる少年は、一定の行動上の制約

を受けることになる。このように、非行臨床は、他の臨床領域とは異なる権力構造のもとで実施される。

　保護観察下の少年について言えば、保護観察の処遇が進むにつれ、その生活や心情が安定していく事例のほうが多いが、一方で、不安定な言動を繰り返したり、なかには再非行に至る場合もある。もちろん、再非行は法律違反であって、検討の余地なく「悪いこと」である。しかし、処遇者が少年の不安定な言動や問題行動を目の前にしたときに、再非行に繋がりかねないとの思いから、少年の言動を単に「悪いことだ」と評価し、行動の修正を図ろうとの意図のもとに「してはいけない」「真面目に働きなさい」などと反応することが発達促進的だとは考えられまい。

　なぜならば、人の言動にはその人の内界が表現されているからであり（Freud 1914）、また、特に子どもの問題行動には、発達への希望が含まれている場合があるからである（Winnicott 1965）。その可能性があるとするなら、少年の言動の意味を理解しようとする処遇者の努力は不可欠である。しかし、だからといって、処遇者の規範意識などに反する少年の言動に対しての、ネガティブな思いを否定することはできない。

　このとき、処遇者のなかでは、少年に対する無条件の積極的関心と共感的理解を体験しようとする思いと、自分の規範意識などからくる感情が衝突し、みずからの内面が引き裂かれる感覚——より実感に近い表現をするなら、自分がバラバラになってまとまりがつかず、動きが取れない感覚——が生じる。このような、みずからが分裂する感覚は、非行臨床の処遇者には日常的に生じるものである（羽間 2009）。

事例：A子　—その1—

　ある女子非行少年の、保護観察処遇の経過における具体的場面を通して考えてみたい。なお、事例の提示にあたっては、本人の許諾を得たが、個人の特定を避けるため、論旨を損なわない範囲で事実関係を省略・改変した。

治療者がみずからの内的体験をそのままに体験し保持することの意味

◆事例の概要

　保護観察開始時、18歳の無職の女子少年〔以下、A子〕。薬物の自己使用〔以下、本件〕により保護観察決定となった。A子の問題行動に対して、家族は暴力で対応してきた経緯がある。また、A子は、受容を求める思いが強く、依存できる他者に無防備になって、結果として裏切られた体験を何回か重ねており、その度に心情や生活が不安定となっていた。本件の直前にも、同様のエピソードが認められている。関係機関からは、A子の問題として、対人関係の不安定さ、見捨てられ不安の高さが指摘されていた。筆者〔以下、保護観察官〕は、A子との関係が安定するまでには、かなりの時間がかかるであろうと考えていた。

◆保護観察の経過

　保護観察の最初の面接で、A子は「薬物はもうやらない」「仕事を見つける」と述べていた。しかし、その後、何度か仕事には就くものの、ほとんど続かなかった。保護観察の面接も、連絡なく不来所であることが少なくなかった。保護観察官は、A子の対象関係の不安定さに思いをめぐらせ、連絡なしの不来所をとがめることはせずに、来所を促す簡単な手紙を出して彼女を待った。A子の生活は、保護観察決定前よりは改善がみられるとは言え、なかなか安定しなかった。

　次に取り上げるのは、そうした状況のなかでの、保護観察開始6ヵ月後の第10回面接である。

◆第10回面接

　第10回面接で、A子は、友人に誘われると盛り場に行ってしまい、そこで知り合った見知らぬ男性から食事をおごってもらうことを繰り返している、と話し出した。保護観察官は、この話を聞き、そのような行動をとるA子や、大人からの否定的な反応を受ける可能性が高い内容のエピソードを語り始めた彼女を理解したいという思いと、A子の行動は健全なものと言えず止めなければならないのではないかという役割意識、さらに、そのような行動の末に彼女が被害者になることへの危惧などのさまざまな感情

の衝突によって、みずからが引き裂かれる感覚に襲われ、身動きが取れなくなった。

処遇者が分裂を体験し保持することの重要性、そして、それを支えるもの
―処遇者自身の対象化の努力と的確な少年理解―

　非行臨床においてより鋭く生じる、上記のような矛盾した感情が衝突し、分裂する感覚に襲われるなかで、処遇者はどのようにあったらよいのか？

　《一致・純粋性》の重要性に照らすなら——あるいは、照らすまでもなく——治療的面接において、治療者には、みずからの内面に生じる体験をそのままに体験し保持すること、そして、それを可能とする能力 capacity を広げることが要請される。それを踏まえると、非行臨床の処遇者に求められるのは、みずからの規範に照らしての少年の言動に対する否定的な感情と、彼／彼女らを理解し受容しようとする思いとの矛盾や、それによって引き裂かれる体験を、分裂したままに体験し保持することである。自分の体験の何かを無視したり、あるいは、バラバラになったように感じられる自分を無理に統合したりしようとすることではない。

　その上での処遇者の次なる課題は、その体験をそのまま体験し保持しつつ、少年の理解を試みることである。そして、少年の問題行動の意味を理解することができ、さらに、彼／彼女らのなかの「健康さ」を冷静に感じ取り、それを信頼できたとき、そこに生まれるのは、単に問題行動を抑止しようとしての言葉ではありえない。問題視されるような少年の言動のなかに、彼／彼女らの内界のコミュニケーションや発達への希望が含まれていると理解できるならば、そこで処遇者として必要な動きは、まず「受けとめ」となろう。一方、少年の破壊傾向がその健康さを凌駕していて危険な状態であると判断するなら、「保護」のための然るべき措置（身柄拘束を含む）を検討することとなるだろう。

　ここで重要なのは、少年の心理的健康さの理解を含めた、処遇者の的確

な少年理解である。処遇者のみずからが引き裂かれる感覚の体験と保持を支えるのは、まず、その体験をしている自分を対象化しようとする意識や努力である。しかし、この分裂の体験と保持は、処遇者にとって非常に困難な課題である。

　そもそも、処遇者は規範に従って生きており、そうすることで守られている。さらに、社会防衛の要請を受けている非行臨床、特に少年院等の施設内処遇に比べ外的枠組みの弱い社会内処遇の処遇者にとって、自分の判断に誤りがあり、少年の問題行動が増悪するとしたならば、それは許されることではないからである。非行臨床の処遇者は、この分裂を体験し保持しながら、的確な少年理解を試みなければならない。そして、処遇者の動きの選択・判断は、少年の理解を自分が信頼できるかどうかにかかっている。相手を信じるのではなく、自分に信頼できるかが焦点となる。

> 治療者がみずからの内的体験をそのままに体験し保持することの意味

事例：A子　―その2―

◆第10回面接の続き

　保護観察官が、さまざまな感情の衝突による分裂を体験し、身動きが取れずに『うーん』と唸りながらA子の話をさらに聞いていると、彼女が盛り場に行くのは、『誰か良い男性に会えないかな』という期待や、『スリルがある。ほかにおもしろいこともない』が故だということが分かってきた。そして、A子は、男性から襲われそうになることもあったが、その時には相手の言いなりにならずに逃げ出し、何とか自分を守ったというエピソードを語った。

　ここまで聞いたときに、保護観察官は、危険と思われる場面でスリルを味わい『ほかにおもしろいこともない』と言うA子の虚無感の強さを感じると同時に、ギリギリのところで身を守っている彼女に、微かな心理的健康さを感じることができるのではないかと考えた。また、好ましいやり方とは言えないものの、A子は良い対象を求めているのだと思った。そして、彼女は、他者に無防備になって裏切られてきた過去のエピソードとは異なる身の処し方ができたのだとも考えた。さらに、A子は無意識かもしれな

いが、そのように身を守ることができた自分を承認されたい、という気持ちがあるのではないかと思った。

　自分のなかでそこまで思いが広がったとき、保護観察官は、A子に微かな心理的健康さを感じている自分自身を信頼できると考えた。そこで、A子の行動を止める言動はとらず、彼女の全体を受けとめようとしながら、『よく逃げ出したね』とだけ述べた。A子は『うん』と答えた。

◆その後の経過

　その後も、連絡なしの不来所が続くなど、保護観察の面接関係はしばらく安定しなかった。また、A子の不安定な言動を前に、保護観察官が第10回面接で感じたような、自分が分裂する体験に襲われることも少なくなかった。しかし、保護観察官は、何とかその分裂する感覚を体験し保持しながら、A子を理解し、受けとめようと努めた。

　保護観察開始後1年を過ぎるころには、A子は、保護観察の面接の約束を守るようになった。さらに、仕事も継続でき、問題とされる行動は見られなくなっていった。A子は日常生活で起こる様々な危機を保護観察官に相談しながら解決し、他者との関係で適切な自己主張ができるようになり、保護観察は法定期間前に解除となった。

　保護観察が解除になる前に、A子は、『私は、本当は怖がり。でも、面接の約束を破ったりして、(保護観察官に)怒られるかなと思っても、怒ってなくて、いつものとおりで、(保護観察を)怖がらなくなった』と述べた。さらに、『小さいことでも(保護観察官が)認めてくれたのが励みになった』と言い、その例として、第10回面接での『よく逃げ出したね』という保護観察官の発言を挙げていた。

考　察　―処遇者における引き裂かれる体験の治療的活用―

　事例の概要において記したように、A子は、適切な対人距離を保てずに、裏切られる体験を繰り返していた。同時に、A子は、家族が暴力によって彼女の問題行動に対応してきたことに由来するような、「怒る他者」「見捨

る他者」イメージを、当初、保護観察官に投影していたと考えられる。つまり、前述のとおり、彼女の対象関係は不安定であった。

　対象関係の不安定な少年の心理的成長を図るためには、処遇者は不即不離の関係に身を置き続けるしかない（羽間 2004/2009）。そして、A子がのちに述べた『私は、本当は怖がり。でも、面接の約束を破ったりして、怒られるかなと思っても、怒ってなくて、いつもの通りで、怖がらなくなった』との発言には、保護観察官との関係を通して、彼女の対象関係の成長と安定が図られたことが表れているととらえられよう。

　第10回面接について言えば、保護観察官の『よく逃げ出したね』という言葉を、『認めてくれた』と受けとったとのA子の話を踏まえると、このときの保護観察官のA子理解はおおむね適切だったと言えるだろう。さらに、保護観察官がさまざまな思いの衝突によって内面が引き裂かれる体験をし、それを保持しながら選択した、この『よく逃げ出したね』という言葉は、彼女の成長発達を支える対応の一つとなったと考えられる。なぜなら、A子自身がそれを『励みになった』と述べているからである。

　繰り返しになるが、治療的面接において、治療者には、みずからの内面に生じる体験をそのままに体験し保持することと、それを可能とする能力 capacity を広げることが求められる。その重要性を踏まえて、これまでの議論をまとめるなら、矛盾する思いの衝突によって引き裂かれる体験をそのままに体験し保持しながら、少年を理解しようと努力する、という困難な作業を通して、処遇者自身の体験を保持する能力 capacity の拡大が実現される。また、同時に、その困難を生きることで、少年全体をそのままに受け取る能力 capacity――すなわち、無条件の積極的関心を体験する能力 capacity ――が広がる。そして、少年全体をそのままに受け取ろうとする努力の先に、少年の一部分への応答ではなく、少年全体を包むような言葉や対応の選択が可能となる。

　保護観察所に来る要保護性の高い少年は、A子に限らず、その対象関係が不安定な場合が少なくない。そのようなケースでは、A子の事例にみられるように、少年全体を受けとめるような処遇者の言葉の選択・伝達と、相互交流の積み重ねによって、少年の内面全体を包む収まりどころがで

治療者がみずからの内的体験をそのままに体験し保持することの意味

き、彼／彼女らは安定に向かっていくことができるのだと言ってよいだろう。そして、上述した、少年の破壊傾向がその健康さを凌駕していて危険な状態とは、社会内での処遇者の言動だけでは彼／彼らの全体を包むことができない様相を意味し、したがって、より強力な限界設定が求められるのである。

クライエント中心療法における
一致の臨床的検討

大石英史

《一致》が問題となる臨床的局面

　ロジャーズは、クライエントが自己成長を遂げていくためには、人間関係のある種の風土条件が必要であることを指摘し、そこに居合わせるセラピストに必要な態度として、《無条件の積極的関心 *unconditional positive regard*》《共感的理解 *emphatic understanding*》《一致 *congruence*》という三つの条件を掲げている。そのなかの《一致》は、《純粋性 *genuineness*》とも呼ばれ、クライエントとの関係においてセラピストがありのままの自分自身であること、すなわち、有機体レベルの経験とその経験の意識レベルでの知覚とが一致している状態を示している。

　ロジャーズは《一致》を「この関係のなかで彼が、自由にかつ深く自己自身であり、彼の現実の体験がその自己意識によって正確に表現されるという意味である」（1957）と捉えている。また、別の箇所では「セラピストが自身の内面でその瞬間瞬間に流れつつある感情や態度に十分に開かれており、ありのままであるということである。つまり、セラピストの内臓レベルで体験されていることと、セラピストのなかで意識されていること、および、クライエントに向けて表現されていることとが、密接に符合し、一致しているということである」（1967）としている。

しかし、実際のカウンセリング場面においてロジャーズが提唱する三つの態度を忠実に実践していくと、「クライエントのことを無条件に受け入れなければならないこと」（無条件の積極的関心）と、「セラピスト自身がありのままの自分であること」（一致）とが矛盾する自分に直面することがある。例えば、面接の途中で、「この人の考え方のこの部分は自分としては受け入れられないな」「今のこの子の訴えはどうもわがままに思えて仕方がないな」など、相手のことをまるごと受け入れられない自分に直面することがある。クライエントの言動やクライエントとかかわっている自分にちょっとした違和感を覚えたとき、そのことを取るに足りないこととして扱おうとしたり、感じないように抑圧しようとすると、逆にその違和感はマイナスの力を持つものとなり、セラピィ関係の進展を妨げてしまうことにもなる。

　また一方で、クライエントからすれば、無条件に受け入れて自由にさせてくれる関係は、ある面、心地がよいこともある。セラピィの初期段階であれば、それだけで十分な場合もあるだろう。しかし、長期的に見ると、そこには「今ここでの全面受容」の繰り返しがあるだけで、「将来を見通した今」を見据えたかかわりがない。クライエント中心療法が「今ここ」での我と汝の関係を重要視することは了解できるが、「今のかかわりというものが何を目指しているのか」という方向性が、たとえ漠然としたイメージであってもセラピストには必要である。

　受け入れるかかわりのみを続けていると、セラピストの側に「それだけでよいのだろうか」という疑問や、「クライエントと向き合うことから逃げている」という不全感が生起してくることがある。これは、クライエントを受け入れようとする自分と「それだけでいいのか？」と問う自分とが葛藤を起こしている状況を示している。

　セラピィ関係を維持していく際に、セラピストが内面で経験する自己矛盾や葛藤をどう援助的なものへと練り上げていくかというテーマに関して、ロジャーズ（1967）は、「一致」は、セラピィにおいて「最も基本的かつ最重要のもの」であると述べている。それは、クライエントのことを受け入れたかのように振舞ってはいけないということであり、受け入れられ

なかったら受け入れられない自分のままでいることを大事にすることを意味する。また、無条件になれない自分がいるのであれば、その理由を自分のなかに探ってみることも必要である。そうすることで、実は受け入れられない自分の側に問題があることに気づかされることもある。このような作業を通して、セラピストの側の諸感情を面接に生かしていくことが可能になる。その意味で、セラピストによる《一致》の保持とは、〈不一致〉とどう向き合っていくかということに支えられている。したがって、《一致》において重要なことは、セラピストの内側にどんな感情が生じているか、その感情を、まずはしっかりと自分のなかに抱えられるようになることである。

とりわけ、長期にわたり受容的なかかわりを続けていく際には、セラピストが自己の内面から自発的に生まれてくる動きに対して抑圧的であると、面接は主体性のないセラピストによる表面的な共感に終始することになる可能性がある。そうならないためにも、セラピストは自己の内面に生起してくるさまざまな思考や感情、そしてイメージから常に重要な情報を汲み取っていかなければならない。

そのようなセラピストの能動性は、クライエントの自己探求への能動性をも引き出すことになる。セラピストが自分自身と誠実に向き合っていこうとする態度を、ロジャーズは《一致》という言葉で捉えようとしたのではないだろうか。その意味でも、《一致》は人と人との生き生きとした交流を維持していく際の中核に位置する臨床概念であると言える。

自己表明性という側面からみた《一致》

しかし、実際の臨床場面における《一致》という課題は、セラピストの内的状況の確認に留まるものではない。それは必然的に、セラピストの内部に生起してきたものに対してセラピストがどう振る舞うか、さらに、それをクライエントにどう伝えるか、あるいは伝えずにおくか、という行為の問題とつながっている。

ロジャーズらは、ウィスコンシン・プロジェクトにおいて重篤な統合失

調症の患者にクライエント中心療法を適用しようと試みた際に、患者の動きを待ってそれに対応しようとする態度では意味のある相互作用がほとんど生じないという状況に直面する。氏原（2001）は、ロジャーズらがこの経験によって新たに得ることになったセラピストの能動的なかかわりの必要性を、わが国のロジャーリアンたちが十分に認識していないことを指摘している。このような能動的かかわりの側面を、ロジャーズのプロジェクトに加わったジェンドリンは「自己表明性」という言葉で捉えている。

　臨床場面では、時には無条件にクライエントを受け入れることができない自分と直面しながらも、その自分を偽ることなくクライエントと共に居なければならない状況が訪れる。しかし、その状況をセラピストがクライエントに自分の思いを率直に表明していくというかたちで解消することは、必ずしも援助的であるとは限らない。

　それは、精神分析でいう「逆転移」を、その認識が不十分なまま面接場面で表明することにつながり、クライエントはその表明を唐突なものと体験したり、自分を傷つけるものと体験しやすい。また、セラピストが、自分自身との「間合い」を持たずに、自己の内面に生じた感情を即時的かつストレートに言語化することは、クライエントにとっては、一方的な攻撃や侵襲として受け取られやすい。「今ここ」においてセラピストのなかに生起した感情を率直にクライエントに表明していくことを《一致》だと捉えてしまうと、セラピストの側の思いが前面に出過ぎた場合には、そのかかわりは危険なものとなるだろう。

　セラピストの内部に、必ずしもポジティブなものとは限らない感情や感覚が生じていても、今しばらくはそのことを表明しない（抱えておく）という意思決定をした場合の《一致》は、セラピストが感じていることと発言とが一致していない状態にあるという意味で「不一致の抱え」ということができる。このように《一致》の伝達的側面とは、少なくとも「自分の思いや気持ちをすぐさま正直にクライエントに伝えること」ではないことを、ここでまず確認しておきたい。

　では、クライエントにとって援助的となるセラピストの内面の伝達とは、どのようなものなのだろうか。例えば、クライエントからの『先生に

いろいろ話しても、所詮、人ごとか私の問題で終わってしまうと思う』との発言に対して、セラピストが怒りを覚えたとき、どう応答することが援助的であるかについて考えてみたい。

精神分析的なセラピィ関係においては、セラピストがクライエントとのかかわりのなかで体験している怒りについて、セラピストは自己開示をしないことが原則とされる。例えば、『それを言われると私は腹が立つ』などとは言わない。セラピスト自身が自己の怒りの体験を対象化し、さらにその体験が生じた自分とクライエントとの関係性までを視野に含めて、『あなたと私との関係は、本気でかかわってほしい気持ちを持ったあなたと、それを受けとめかねている私、という状況になっているように思うのですが……』などと表現するのが一般的である。つまり、セラピストは自分の感情を自己開示することなく、クライエントとの関係のなかで生じているその状況を描写するに留まるのである。別の言い方をすれば、セラピストはあくまでもクライエントから投影を受けた対象というポジションから応答する。それはセラピストの自己開示ではない。

また別の臨床場面において、クライエントが自身のことについて深く言及しているときに、『先生は私の話を眠そうに聞いていますね』と言われた場合、精神分析的なセラピィ関係においては、『それはあなたのお母さんに対してあなたが抱いていた気持ちではないですか?』などと解釈することがある。クライエントからの指摘を真に受けるかたちではなく、その指摘がなされるに至ったクライエント側の背景を逆に指摘しようとする。

一方、クライエント中心療法のセラピィ関係では、セラピストは、関係のなかで体験している感情を吟味しつつ開示する。上と同じ状況においても、『私としては一生懸命聞いていたつもりでしたが、そう言われると残念な気持ちになります』などと応えるかもしれない。ロジャーズが提唱する方法では、クライエントから発せられた言葉を、自分に届けられたメッセージとして正面から受けとめることで、個有の自己開示が行われることになるだろう。その態度がクライエントに「誠実さ」として受け取られる可能性は高いだろう。ただし、セラピストが自身のことを誠実な人として体験することと、それがクライエントにとって誠実だと知覚されることは

別のことであると考えなければならない。重要なのは後者である。

　《一致》の臨床的意義のひとつは、セラピストが面接の行き詰まりに対してクライエントをリードする発言を行うことではなく、かかわりのなかで自分の内部に煮詰まってきた心の動きを感じ取り、それを一個人の意見として誠実に伝えるということにある。逆に、このような自己表明の瞬間を持たない、単に受容という形式にのみ終始する面接は、クライエントにとっても手応えのないものに感じられるに違いない。そのような面接はセラピスト・クライエント双方にとってかかわりのリアルさを失っていき、退屈なものになるであろう。

　お互いが必要なときに向き合うことをしないクライエント中心のセラピィには、その意味で終わりがない。例えば、生育歴における親子関係における傷つきが大きいクライエントやパーソナリティ障害を疑われるクライエントは、「セラピストが自分にどのように向き合おうとしているか」についてとても敏感であり、技法的なかかわりを不誠実さとして体験し、クライエントの傷つきによって援助関係の重要な部分を損なうことになるかもしれない。

　別の言い方をすれば、「今ここ」が本当に生きたものになるためにはセラピストはクライエントを前にして一人の人間として誠実であることが求められる。それによって、やりとりがクライエント・セラピスト双方にとってリアルなものとなり、クライエントのそれまでの在り様を援助的な方向で揺さぶることにもなるだろう。

　大石（2001）は、面接の行き詰まりに際して、セラピストがかかわりのなかで体験されてくる違和感を自己の葛藤として抱え、それを「こんな気持ちもあるが、それとは別にこんな気持ちもある」というかたちで丁寧に言語化していく行為を「セラピストの葛藤の治療的活用」と命名した。このようなかかわりによって、クライエント側にも同様の葛藤を作り出し、現状に対する問題意識を引き出していくことができることもある。しかし、それは技法として理解されてはならない。

　セラピストの言葉が真実性を帯びるのは、それが身体感覚への照合をも含み込んだ《一致》を基盤としたものであるときだからである。単に言葉

のみを頭で操作してかかわろうとする態度は、関係の重要な部分を損なうことになる。ここに、《一致》を単なる技法として用いてはならない根拠がある。

《一致》の神経症的側面

また、《一致》は、セラピスト側が自己の内部の感情にとらわれ、自分自身との距離を失うことではない。セラピストが自分の内面の状況を察知しておくことは重要であるが、その意識にとらわれてはいけないのであり、むしろクライエントの気持ちの動きをゆったりと観察できる外向きの意識が必要である。

ただし、《一致》がセラピィを成功させるための要件として位置づけられたことで、セラピストが自己の状態を一致した状態に近づけようとしたり、できるだけ一致した状態を保とうとするようになることは自然なことである。しかし、ともするとこの努力は、《一致》にとらわれるというセラピスト側の神経症を形成することにもなり得る。

ロジャーズは、前述のセラピストの"三条件"が存在しかつ持続したときのセラピィ過程において、クライエントに見られる知覚様式の変化について以下のように述べている。

> クライエントは、自分の環境、他者、自己、自分の経験、そしてこれらのものの相互関係を含んだ自分の感情や知覚の対象を、次第に分化させ、弁別するようになる。クライエントの知覚は内面的 *intensional* でなくなり、より外在的 *extensional* になる。言い換えれば、彼の経験はもっと正確に象徴化されるようになる。

仮にこの知覚様式の変化を、そのままセラピスト側の状況に置き換えるとすれば、セラピストが有機体として十分に機能しているとき、セラピストは《一致》の状態にある。そして、その状態とは、意識が自己の経験に向けて内向しているのではなく、むしろ意識ないし知覚は経験に対してよ

り外在的に注がれていることを示している。

　そして、この状態は、セラピストの側にクライエントよりも先行的に存在し、その後、クライエントの内部に相互的に生起してくる事態である。言い方を換えれば、セラピストの注意が自己の内的経験とクライエントの内的経験の両方にバランスよく注がれていることが、セラピィを成功に導く条件であると考えられる。そして、このことは、面接の行き詰まりの打開やそれを通したセラピストの自己成長に深く関与する事象である。

　したがって、セラピストが《一致》に近づこうとするあまり、逆に《一致》にとらわれ、知覚が内閉化していく危険性についてあらかじめ知っておくことは重要なことである。

　《一致》は、内向きの極においては、自分の内的な動きに過敏になり、それにとらわれる状況を招きやすい。また逆に、〈不一致〉の抱えられなさの極においては、感じていることをすべてそのまま率直に言葉にすることになりがちである。おそらく、前者への偏向は、自己の内的動きへの神経症的なとらわれを生み出し、クライエントの今ここでの内面の動きをありのままに感じ取り理解することを妨げるであろう。また、後者への偏向は、クライエントとの率直なかかわりの行き過ぎをもたらし、その結果、かかわりの相互性を損ない、一方的なかかわりのなかで相手を傷つけ支配する危険性が高まるであろう。

　重要なことは、セラピストがこれら二つの極を認識し、《一致》と〈不一致〉の間の揺れそのものを持ちこたえながら、クライエントのそばに居ることができるかどうかである。そして、かかわりのなかから必然的に生じてくる葛藤や迷いに意識の光を当て、そこに身体性（内臓レベルでの体験）を介した言葉を付与していくことが求められる。それは、セラピストの自分自身に対する間合いとそこから生まれてくる言葉が、クライエントのなかに「ゆとり」と「遊び」を作り出していくという関係のダイナミズムを意味している。増井（1994）は、この現象を「間」の相互性と呼んでいる。これは、セラピストがクライエントとのかかわりのなかで、自己の内部に生起してくる内的経験を抱えつつ共に居ようとする態度から生じる相互交流を示している。ここに、クライエント中心療法の援助原理を見出すことがで

きる。
　すなわち、クライエント中心療法とは、〈不一致〉を抱えることができるセラピストのあり様から発せられる言葉が、身体に馴染んだ言葉となってクライエントに伝達され、クライエントの内部に同型の間合いを生じさせる援助だと言うことができる。このように、心理面接の営みとは、かかわりのなかで絶えずクライエントの声に耳を傾けながら同時に自分自身の声にも耳を傾けることであり、それらの声をどのような態度で聞き取るかが、その面接の成否に大きくかかわっているのである。

ファシリテーターの一致について

中田行重

　本稿はエンカウンター・グループ *Encounter Group*〔EG〕のファシリテーター Facilitator〔Fa〕のあり方を《一致 *congruence*》の視点から論じるものである。まず、《一致》概念について若干のレビューをおこない、そこから考える。

《一致》概念について

　ロジャーズの"必要十分条件"(1957, 1959) のうち、《一致》には解りにくい点がある。「古典的クライエント中心派」と言われる Brodley (1998) でさえ、この概念は「曖昧だ」と言っている。解りにくい理由のひとつとしてよく言われるのが、《一致》は治療者 *Therapist*〔Th〕個人の感情に注意を向けるものであり、その意味で他のふたつの"中核条件"、すなわち《共感的理解 *empathic understanding*》《無条件の肯定的配慮 *unconditional positive regard*》とは、Th の注意の向け方が相反するのではないか、ということである。要するに、クライエント Client〔以後 Cl〕に受容・共感をしながら同時に自分自身の感情に正直であることなど可能なのか？　と思えてしまう点である。これは現代の PCA の研究者でも議論になる（Means & Thorne 2007; Lietaer 1984; Hendlicks 2001)。それに関連してロジャーズ (1966) は、《共感》と《受容》が仮面でなく真実であるために《一致》が必要だ、と言っており、この二条

件の質を下支えする条件として《一致》を位置づけている。

　もうひとつの解りにくさは、Clへの《一致》の伝達（コミュニケーション）という点におけるロジャーズ自身の考えの変遷にある。つまり、必要十分条件の理論（1957, 1959）で《共感的理解》と《無条件の肯定的配慮》はClに伝わっていることが条件として挙げられているのに、《一致》にはその記載がないので、伝わる必要はないのか？　と思わせる。その一方で、ロジャーズ自身がその数年後には、それまで自分の内なる体験とその象徴という二者の一致という意味で用いていた《一致》概念に「伝達」の要素を加え、その三者の一致へと意味を拡大するのである（Rogers 1961, 1966）。

　もともと"Client Centered Therapy"（1951）では、有機体の感覚・内臓での体験が意識内に象徴化され、自己概念に組み込まれていることは「心理的適応 psychological adjustment」として概念化されており、これは後年の《一致》と同じ現象を指している（Brodley 1998）。つまり、「心理的適応」概念であったものが1957年にはTh条件として登場している。「心理的適応」概念として留まっていたら、「伝達」の要素が入ることはなかったのかもしれない。

　Th条件になると、心理的適応概念と同様の「関係のなかで自由にかつ深く自己自身であり、現実の経験が正しく象徴化され気付いている」という記述に加えて、「Thとしての自分がサイコセラピーにとって理想的でない場合、その状態に関する感情を否定せず、Clや同僚、スーパーヴァイザーなどにある程度打ち明ける必要がある場合もある」と、伝達の要素に触れる説明が加わるのである（1957）。のちの対人関係論（1959）にも、「経験」と「気づき」と「伝達」という三者の一致が述べられている。つまり、治療関係の文脈に適用されるに至って「伝達」の要素が入り始め、次第にロジャーズのなかで重要視されるように変わってきたと考えられる。

　解りにくさの原因のもうひとつは、この概念は、'congruence' 以外に 'genuineness' や 'transparency' などの概念が、同義語あるいは近似語として用いられるという点である。これらの違いは重要な議論を伴うので、後述する。

《一致》とその発言

　では、Thが何を伝えることが《一致》か？　「思ったことを正直に言えば《一致》だ」という間違った議論が繰り返されているとBrodley (1998) は言う。Haugh (2001) は《一致》の発言についてのロジャーズによるポイントとして、次の四点を掲げている。──①Th自身の感情が中核条件を妨げ、Clを共感出来ない場合、②その感情がしつこく、ThがClに無条件の肯定的配慮を向けられない場合、③「Thは関心や好意を持っている」「心配してくれている」とClに思わせるような仮面を被るより、Thはありのままであるほうが望ましく、④「ここ！」というときに《一致》の発言ができること、である。換言すると、《一致》の発言とは他のふたつの"中核条件"の体験を持続させるためのもので、発言が難しい状況であってもClおよび自身に対して誠実なTh個人として在り続ける責任としてなされる、ということである。これはThの内面における相当の厳しさを要求する。にも関わらず「何でも正直に言えば治療的と考えるのがロジャーズ派」などと批判されがちなので、もう少し検討する。

◆《一致》を考える視点

　上記の①②が示すように《一致》の発言は、《共感的理解》と《無条件の肯定的配慮》という他のふたつの"中核条件"が困難な場合になされるのである。そのことは、上に述べたロジャーズが《一致》を「他の二条件を下支えする条件」と位置づけていることにも現れている。では、のちの研究者はこの考え方をどう捉えているか。

　まず、ロジャーズのこの考えを継承した文献として、例えばMearns (1994) は「〔一致は〕共感と無条件の肯定的配慮は純粋で見せかけでない *genuine* ものでなければならず、それでこそ完全な一致 *wholly congruent*」というかたちで概念化している。ところが、別の考え方として、Lietaer (1993) は純粋性 *genuineness* を「Thが自分の体験過程を意識化していること」という内的な様相と、「Thの見方や感情がClに見えていること」という外的な様相のふたつに分け、前者を《一致》、後者を「透明性 *transparency*」とした。そ

のうえで彼は「透明性」をThが《一致》発言をすることとした。それに対し、Haugh (1998) やBrodley (1998) は「透明性」はThの発言となることもあるが、Clにとって見えるというThのあり方と捉えている。

　《一致》や関連する概念についてはその他の研究者の論考もあり、また概念定義がこのように研究者によって異なる。加えて、ロジャーズ自身の《一致》概念も変遷しているため、この概念の理論的な考察には困難が伴う (Haugh 2001)。今後の更なる検討が必要だが、本稿では上述の論考を踏まえ、《一致》を次の三つの意味を持つと整理しておきたい。

a)　Thが内的な体験の全てに気づいていること。
b)　Thの共感的理解と無条件の肯定的配慮が純粋で見せかけでないこと。
c)　Thの内面がClにとって見えていること。

　これら三つのいずれも、多少なりともコミュニケーションが関わるが、a)は内的な状態を示しているので間接的な関わりである。その点、b)とc)は、もっと直接的に関わりがある。

◆ふたつの照合枠

　《一致》発言を考えるうえでもうひとつの視点がある。ロジャーズは「共感的理解の対象はClの内的照合枠 *internal frame of reference*」と述べた (1957) が、《一致》の発言となると何らかの形でTh自身のことを話すので、セラピスト照合枠 *therapist's frame of reference* からの発言になる。実際、Lietaer (1993) もそのように述べている。

　しかし、セラピスト照合枠という視点を持たない《一致》という考え方もある。Gendlin (1962) はThの《一致》をClの体験過程に一致することとし、《一致》発言とはClの体験過程の概念化、と捉えている。

　その考えはGendlinの流れを汲むKleinらによる体験過程スケールのセラピストバージョン (1986) にも継承されている。これはThの発言についてtherapist referent (TR) とtherapist manner (TM) というふたつの値を評定するものだが、前者TRが、Cl発言のどこに焦点を当てて応答しているか

を評定するのに対し、後者TMは、Clの話を聞いたThの体験過程がどのレベルにあるかを評定するものである。その意味では、TRが共感的反応の近似値であるのに対し、TMは《一致》の近似値と言えよう。しかし評定基準によると、TMはTh自身の個人的な感情への気づきを一切評定せず、Clの話をTh個人はどう感じているかの評定であって、あくまでもClの内的照合枠を基準としている。そのため、TMの段階が4（全7段階）を超えると、Clの内的照合枠をThが自分自身のものとして抱えるようになり、TRとTMの値が近寄り始めるのである。

このように《一致》発言には、セラピスト照合枠とClの内的照合枠からの二通りがある。筆者の経験では、どちらが重要というより、両者とも必要である。むしろ、順序が重要で、多くの場合、まずClの内的照合枠からの《一致》から始まり、次にセラピスト照合枠が必要になる場合がある、という順になる。上記Haugh (2001)の①②と同じ考え方である。

ファシリテーターの《一致》発言の実際

それでは次に、EGのFaの《一致》について、便宜上、個人心理面接における《一致》と対比して考えることにする。PCAの業界には"中核条件"があればよいという意味で「EGも心理面接も同じ」という考え方が根強くあるようだが、筆者は異なる部分も相当にあると考えている。

まず、Faの態度として"中核三条件"が同時に経験されていることが望ましいが、Clを前にしたときにおこなう初めの意図的な努力として最も重要なのは《共感的理解》であると筆者は考える。この点は心理面接もEGも同じである。

EGの初期の段階からFaはメンバーそれぞれを共感的に理解しようとする。メンバーは当然、複数いるので、それぞれ異なる内的照合枠をもっており、各メンバーが自分のことを語り始めると、Faのなかでは複数の照合枠を同時に抱えようとすることになる。これは、個人面接のThは経験しないことである。EGにおいて表出される照合枠が複数であっても矛盾しな

ければ、複数抱えることもある程度可能である。しかし、メンバーの発言が続くと、Faはいつかは抱えきれなくなる。

特にGendlinやKleinらの言うCl（この場合はメンバー）の内的照合枠を軸とする《一致》は、Th（この場合はFa）の体験過程がClのそれと一体化することを目指すという考えである。複数のメンバーがいたらそれだけの体験過程の流れが起こっているので、それら全てに同時に一体化することは不可能である。

このとき、複数の体験過程に対してある種の共感を維持し続け、かつ、抱え切れない苦しさから逃れる方法はある。それは認知的共感 *cognitive empathy* である。たとえば、「Aさんは〜と感じているんですね」「Bさんは〜と感じているんですね」と、ラベルを貼って整理をするようなかたちの技法的な応答が、そのひとつである。

その他にも、技法的なファシリテーションの考え方もある（野島 2000）。これなら、複数の照合枠を抱えることは、容量の限界に伴う苦しみを比較的伴わない。しかしロジャーズの考える《共感的理解》は、認知的共感と感情的共感 *affective empathy* の両方を伴う（Cooper 2001）ものであり、ロジャーズ派は感情的共感を重要視するので、どうしても抱える苦しみが生ずる。認知的共感だけを行うFaが、そうせざるを得ない自分の容量の小ささに気づいていれば、まだa）の意味で一致しているといえるが、気づいてなければ一致していない。

一致したFaはこの苦しさを自覚しつつも、グループに身を置く者として、その状況を生身で生きることを選ぶ。当然、感じることは混沌として言語化を困難にするので、発言は少なくなる。実は、メンバーが初期段階で沈黙したり、話を続ける努力が実らないのは、メンバーもこの場に複数の照合枠が収まりきれない懸念を感じて、発言を控えるためである。このとき、メンバーとFaはともに複数の照合枠の表出や抱えの苦悩や葛藤を経験している。この時点でFaが《一致》の発言として『なにか行き詰まったね』などと行き詰まり感を言語化することが有効（中田 1999, 2005）なのは、照合枠が多いためその共有が困難と思われる初期の状況において、その共有が困難という感じこそが、メンバーとFaの間で唯一の共有可能な

感じであるためである。そのためFaのこの言語化は、各メンバーの体験過程を推進する。また、「行き詰まり」というネガティブな意味合いの発言なので、メンバーにネガティブ感情への気づきと発言を許容する風土を作り出す。

　従来、Faのありかたとして「専門家の権威から脱し、人間性で勝負」などと言われているが、このようなFaの個人としての《一致》発言は、その具体的なあり方を示すものである。もちろん、行き詰まりの質感はグループやFaによって異なるので、この言語化は技法として行い得るものではなく、その個々の瞬間瞬間の体験を象徴化されたものになる。

　複数の内的照合枠の表出に対して技法的に対応すれば、Faはある程度ゆとりを持って臨めるが、メンバーの《一致》の絶好の機会を逃すことになるので、筆者は技法的な対応は極力とらない。複数照合枠を抱えようとして自分自身が何を感じているのか分からないほどの状況を生きると、次に起こることの予測も出来ず不安定であるが、それでこそ、やはり先の見えない状況を生きているメンバーと同じ立場に立てる。

　技法はFaのゆとりを生みがちであり、それによってメンバーもFaに敷かれた流れを生きるというゆとりを生む。それは自分の体験過程に触れないでおくことによる精神衛生ではあるが、やはり、一歩先は闇という状況を生きるという実存性こそが出会い *encounter* の中核であって、それがメンバー個々の《一致》を深め、十分に機能する人間 (Rogers 1963) への探索を促す。もちろん、メンバーによってもグループ構成によっても違うので一概には言えないが、筆者は、FaがEGを技法的に進展させるのではなく、関係のなかに融合し、「関係に動かされる姿勢」（中田 2005）をできるだけ維持するほうが望ましいと考えている。

　セッションが進み、メンバー間のやりとりが進むと、メンバーから表出される内的照合枠の数が増え、時には正反対の照合枠も表出されることもある。すべてに《共感的理解》をしようとするFa自身は、身動きがとれなくなり、落ち着きをなくすこともある。メンバーはそれぞれ異なる感じ方をしているので、Faが初期のように『なにか行き詰まったね』とグループ

メンバー全体が共有できる感じ方であるかのように発言することは、もう出来ない。EGはメンバーが同じ感じ方をすることを目指すのではないので、さまざまな感じ方が表明されることは基本的に歓迎であるが、多様な感じ方が表明されさえすればよい、というものではない。

　EGの目的（グループにより異なる）にかかわらず重要なことは、個々のメンバーが自分とは異なる物の見方を自分のなかに収め、照合枠が豊かに拡がり、それによって自分の照合枠の輪郭が明確になることである。それによって体験過程に触れ、より信頼できるようになることが心理的成長である。したがってFaとしては、メンバーが他のメンバーの話を内面でどう受け止め、取り入れ、自分自身の体験過程にどのように触れているのかなどを深いレベルで感じ取ろうとすることが、容易ではないが、主な仕事である。

　ただし、Faがメンバーの多様な照合枠を抱えきれずに身動きがとれなくなっても、メンバーの成長力が解放されていれば、メンバー間のやりとりで、メンバーは成長する。それを考えると、メンバーの成長にはFaの、少なくとも意識的な努力の影響は必ずしも大きくはないように思われる。

　しかし、成長的なグループ展開でないようにFaに思える場合、Faが自分自身が身動きが取れなくなっていることを、セラピスト照合枠から感じていることに出来るだけ近い言葉で表そうとするのが促進的であった（中田 2005）。

　それは、否定的な内容のこともある。しかし、Faは動きが取れなくなっている自分のFaとしての能力の限界を受容しているので、内容は否定的であっても伝え方は淡々とした口調による内面の描写であり、攻撃性の発現ではない。Faによる否定的な感情の開示は、メンバーにはFaがきわめて個人的な自己開示をしていると見えるが、興味深いことにメンバー、特にFaと似た感じ方をしていたメンバーのなかに、このFaの発言を聞いたことで自分の感じていたことに気付くメンバーがいる。そのメンバーがその気づきを開示すると、次に、他のメンバーも連鎖的に自分自身の感じへの気付きが起こるのである。おそらく、筆者の発言がそのメンバーにとってhandle-giving法（中田 1986）におけるhandleのような働きをするのであろ

ファシリテーターの一致について

うし、連鎖的な気づきは、前のメンバーの発言が後のメンバーにとってhandleとなるのであろう。

　これは上記c)の伝達がメンバーの《一致》を促す瞬間の相互作用であり、ロジャーズが治療関係の文脈に伝達の要素を持ち込んだのも頷ける。そして、このような状況では「関係性の網の目有機体」（中田 2005）というほどにメンバーが入り組んだグループになっていて、その有機体に融合したFaが自身の内面を透明に見せるようにする"融合的透明性"（中田 2005）というあり方を保つことで、他のメンバーは、自分とグループ内の他者に関して見えていなかった関係性とそれにまつわる自身の照合枠が見えてくる、ということが起こると考えられる。

　EGの場合と違って、心理面接の場合は、Cl以外に他のメンバーはいないので、Thのネガティブな内容の《一致》発言はClに直接強く響く。そこで重要なことは、その発言の後に対話を続ける用意、特にThの感情を乱したClの表出と、それに対するThの《一致》発言のやりとりについて、互いに感じたことを伝え合う対話の姿勢と安全な風土とをClに提供していることである。その対話は、今ここでのやり取りを当事者二人が内省して検討するので、Cl自身が自分への不満などへの気づきが起こりやすくなる（Brodley 1998）など、Clにとって実りが大きい。

　EGのメンバーの場合も同じくFaが対話を継続する姿勢は準備しておく必要はあるが、グループという構造に助けられ、心理面接よりも多様な気づきの機会をメンバーに与えるような対話が、グループ全体で続くことになる。

　ここまで述べてきたように、Faは技法的な関わりよりもFa個人としてのあり方が重要で、それは一定の方法として技法化できない。というのは、メンバーによってもグループ設定によっても進展が違うからであるが、何よりも、個々のFaにより、複数の照合枠を抱える器の大きさも関係に動かされる姿勢の柔軟さも異なるためである。しかし、そのFaが、複数の照合枠を抱えようとして関係の中で動かされる状況において、自身の体験過程に触れ続け、それがメンバーにとって透明なものとして見え*transparency*、時

に《一致》発言となって、メンバーと共に生きることを探り続ける過程こそが、メンバーにとっても自分の体験過程に触れることを促すのである。それは、Faという立場の責任を負った一個人が創造する実存そのものであり、無限のあり方がある。その意味で、ファシリテーション論とは実はFa論であるというのが筆者の見解である（中田 2005）。

Column

「現場」で聞く一致

野口　真

　相変わらず教師への風当たりは強い。問題のツケは現場に廻され、それは束ねて教師に渡される。「そりゃ無理でしょう」とか「そんなこと言ってもねえ」とかいうホンネは行き場を失う。そもそも教師は、子どもたちと対峙するタテマエの権化のようなものだが、それに加えてこの風当たり……ホンネは幾重にも覆い隠される。

　「カウンセリング・マインド」という言葉が生まれたのは1980年代半ばだが、その背景には、不登校やいじめなど、当時新たに発生した問題があった。それらへの対処として、「教師も精神（マインド）においてはカウンセラー的であることが必要だ」との主張が繰り広げられたのだった。

　この「カウンセラー的」という下地には、当然ロジャースの理論があったはずだ。しかし、学校現場では《受容》《共感》は言われても、《一致》が語られることはほとんどなかった。それは、教師が「カウンセラー的」であることが、問題への対処として、単なる役割として求められたためではなかったか。《一致》の欠落したロジャース理論は、躍動する生命力を失ってしまった。それがカウンセリング・マインド論の顛末だったように思える。

　教師の日常は、実は「感じ」に溢れている。今日のクラスの感じ、この子のこの感じ……等々。でも「私の感じは、こう」であっても、「この子の将来を思えば……」とか「学校の方針に沿えば……」と、ついつい役割を優先させてしまう。そんななかで聞く《一致》は、何とも魅力的だ。役割以前のナマの自分が呼び起こされるような、それをもっと信頼していいと思えるような。

　せっかく感じているのであれば、できるだけ大切にしたい。例え行動はタテマエに従っても、気持ちまで上書きしてしまうことはない。ホンネによる微調整の余地もあるだろうし、何よりも子どもたちは教師のホンネを見抜いている。ナマの気持ちの交換を待っている。そして、そんなライブなやりとりこそがこの仕事の醍醐味でもあるのだから。

フォーカシング指向の観点から一致を考える
―セラピストの真実性はどのようにクライエントの変化に貢献するのか―

日笠摩子

　本章で与えられた課題は、ロジャーズのcongruence《一致》という概念をフォーカシング指向の観点から考察することである。このテーマを考えると、ロジャーズについて再考した学会シンポジウムでフロアから発言した大学院生のことが思い出される。彼女は『共感的理解・無条件の積極的関心・純粋性は自分には実現できません。特に、純粋性なんてとうてい無理です』と、自分を責めるように発言した。そして発言しながら、泣きそうになった。これほど印象に残っているのは、実際、泣き出したのかもしれない。そのとき私は、その学生に同意し、その正直さと真摯さに感心しつつも、「そこまで思い詰めなくてもいいのに……」と少し突き放すように感じていた。その背景には、私自身のフォーカシングの理論と実践の学びがあったと思う。

　この論考では、フォーカシング指向の観点から《一致》について再考したい。まず《一致》という語や概念の問題点について検討したうえで、《一致》をauthenticity〈真実性〉ということばでとらえなおす。そのうえで、なぜ「真実」であることが治療的なのかを、ジェンドリンの理論から検討する。さらに、「真実」であるための訓練としてのフォーカシングの実践を紹介したい。初学者が自然に少しでも楽に自分に偽りなく、かつ援助的になるための一助になれば幸いである。

《一致》という語への違和感

　《一致》とは、自己経験が正確に象徴化され、自己概念に含まれる状態のことである。「ありのままの自分」と「知覚している自分」が一致していることである。〈純粋性〉〈透明性〉〈真実性〉〈リアルさ〉などの語が同義で用いられるが、ロジャーズ自身は理論的には《一致》という語を重用している。

　ロジャーズの理論のなかで、《一致》はふたつの役割を与えられている。

　ひとつは、心理的混乱の原因としての「一致の欠如」である。つまり、自己概念と自己経験の不一致のために、自己経験を否認したり歪曲することが、心理的混乱の原因だと考えられている。セラピーは《一致》を取り戻すプロセスであり、それによって心理的健康が回復し、十全に機能する人間となる。

　ふたつめの役割は、治療的変化をもたらすためのセラピストの態度条件としての《一致》である。つまり《一致》は、心理的な健康の方向であり、かつ、クライエントがそうなるためにセラピストが持っているべき態度でもある。

　もともとの英語congruenceは幾何学では「合同」と訳される語であり、ロジャーズもそこから流用したとされている（Purton 2004）。しかしエリングハムは「一致というとらえ方が機械的で二分法的なパラダイムから生まれたものであり、フロイトと同じ轍を踏んでいる」とし、「それがロジャーズの理論の根本的な欠陥である」と批判している。つまり、自己概念に〈不一致〉な体験とは、知覚されない体験であり、感じられていない感情である。しかし、感じられていない感情というのは論理的に矛盾している（Ellingham 1999）。

　パートン（Purton 2004）は、父親に対して「尊敬している」と言っていた男性が、治療過程を通して、自分が父親を「憎んでいる」と気づいたという例を挙げている。この気づきの前まで、この人は、憎しみの体験を持っていたと言えるだろうか。憎しみがあったが、憎んでいるとは象徴化されていなかったとは、どういう状態だろうか。〈不一致〉という状態での体験

の説明ができない点は、セラピストの態度条件としての《一致》の場合でも同様である。もし、〈不一致〉という状態が、セラピストが自分でも意識していない体験をすることであるなら、どうやってセラピストは自分が不一致であると知ることができるのだろうか。

　この《一致》の概念にまつわる困難について、エリングハムは有機的でプロセス的な概念でのとらえ直しが必要であると指摘し、そのような取り組みのひとつとしてジェンドリンの業績も挙げている。ここでジェンドリン（Gendlin 1964, 1997）の「暗黙の哲学」からのこの論理矛盾の解決を紹介しよう。

◆ジェンドリンによる論理矛盾の解決

　ジェンドリンの基本的概念は〈体験過程 *experiencing*〉である。〈体験過程〉の流れは、常に生きている人間のなかで進行している。そして、それはからだで感じられ、具体的に今ここに生きられている。それは認識や象徴化に先行しており、暗黙 *implicit*（ことばになっていない）であるが、そこに注意を向けることはできる。そしてそれを象徴化することもできる。ジェンドリンは、セラピーでは、この暗黙を明示化することがおこなわれており、その明示化が生体にとって正しいものであれば、納得感やホッとする感じや解放感とともに、気づきや新しい一歩が得られる、つまり変化が起こると述べる。

　ジェンドリンの観点からは、〈不一致〉とは人が自分の体験過程を適切に象徴化していないことである。先の父親に対して「尊敬している」と言っていた男性が体験してきたのは、父親との複雑な状況全体である。その一部は「尊敬」と象徴化されていたが、その状況には、それ以外にも多くが暗黙のままになっている。表現できない何か違和感はあったかもしれないが、そこに「憎しみ」がすでにあって抑圧されたり否認されたりしていたわけではない。もしかしたら、時にはイライラした攻撃的な行動として表現されていたかもしれない。それは、阻止されなければ自然と「憎んでいる」と表現することにつながるその萌芽的な状態である。ジェンドリンはそれを「『憎んでいる』を含意 *implying* している」と述べる。まだ憎んでいると象徴化

されてはいないが、そう表現できる可能性を持っている状態である。

　ジェンドリンは、このような「まだことばにならない意味」を私たちはからだで感じているとして、それを〈フェルトセンス〉と名づけた。そして、フェルトセンスに注目してそこからの意味が展開することを促す手続きとしてフォーカシングを開発した。

　このようなジェンドリンのとらえ方は、自己体験という隠れた実体を想定し、それと概念との適合を問題とするロジャーズの《一致》という概念とは相容れない。根本の哲学が異なるからである(Purton 2004; Gendlin 1964)。

◆ 体験過程に照らしての〈真実〉

　しかし、ロジャーズが《一致》〈不一致〉という語や概念で示そうとした現象がないわけではない。私たちは、自分の〈体験過程〉全体に触れながらそこから表現することもできるし、自分の〈体験過程〉にはふれず、その状況で言うべきと期待されていることや慣習や、すでに概念化されている部分のみから発言することもできる。しかし、ここで〈体験過程〉あるいは〈暗黙〉は、象徴と一致しているかどうかを比較対照できるような実体ではない。グリーンバーグとゲラー(Greenberg & Geller / Wyatt 2001所収)は、〈体験過程〉と表現について、「それは、雲がわき起こっているところにうさぎの形を見ることであって、木の後ろにうさぎが隠れているのを見つけ出すことではない」と説明している。わかりやすい比喩である。

　人がその人自身であり、より自分らしく生き、表現することが、健康でありセラピーの目的であることは確かであるにしても、そのようなあり方を示す用語として《一致》はふさわしくない。《一致》という語の背景にあるデカルト・ニュートン的な哲学やフロイト的な無意識の想定を廃して、より生命的なプロセス的な哲学とその哲学に矛盾しない概念や用語が求められている。

　そのような概念として、ワイヤット編の"Congruence"(Wyatt 2001)の著者たちの多くは'authenticity'という語を用いている。シュミット(Schmid / Wyatte 2001所収)はauthenticの語源を、ギリシャ語に戻りながら、自分自身の著者となること*authorship*だと言う。'authenticity'の語の日本語訳を見つ

けることは難しい。本来性・真正・正真正銘・本物・偽りのないことなどの訳語があるが、〈真実〉という語を用いることとする。上述のようなauthenticの意味を含んだものとしてご理解いただきたい。

真実であることはなぜ治療的なのか

次に、セラピストの態度として「自分を偽らない」ことがなぜ治療的なのかを検討したい。リーター（Lietaer 1993 / Wyatte 2001所収）の「セラピストとして純粋であること」という論文を紹介したうえで、ジェンドリンの〈体験的応答〉からの示唆を紹介しよう。

◆内的な一致と外的な透明性

リーターは、セラピストとして純粋あるいは真正であることには、内的な側面と外的な側面の二面があるとして、内的な側面、つまり、自分の体験過程の流れに気づいている側面を《一致》と呼び、外的な側面、つまり、セラピスト自身をどれだけクライエントに言語的非言語的に伝えるかという側面を〈透明性〉と呼ぶ。

そして、《一致》が《受容》と《共感》の必要条件であると述べる。セラピスト自身が自分の体験に触れながらしっかりとそこにいることが、クライエントの自己探索を許容し促進する環境を提供する。また、クライエントを共感的に理解するためにも、機械的技法的にことばを聞くのではなく、自分の体験を通して聞くことが必要になる。本当の《共感》を実現するためには《一致》が必要なのである。

さらに、〈透明性〉の意義としては、セラピスト自身が専門家としての見せかけを装わず、自分らしくあることは、クライエントがより深く自己にオープンになることのモデルになる。関係が信頼できることを保証するものでもある。また、セラピストの自己開示は、クライエントに実存的な我と汝の関係を提供することになり、治療の契機になることが多いと指摘する。さらに、セラピストとの関係のなかに持ち込まれる転移をセラピストが自分らしく応答することがクライエントの繰り返しのパターンを越えて

進むうえで有効であることを、ジェンドリン（Gendlin 1968）に基づきながら主張している。もちろん、このような自己の使用にあたっては「責任を伴う透明性」、つまり、クライエントがそれを受け入れられるかどうかの配慮は必要である。

リーター以外にも多くの著者が、《受容》と《共感》を本物にして信頼できる関係性を提供する点で、〈真実性〉の効果を主張している（Wyatt 2001）。しかし、そのような本物の関係を提供することはなぜ、クライエントが変化していくために役立つのだろうか、その点についての根本的で明確な説明は見当たらない。

◆ 相互作用のなかでの体験的な応答

私は、真実であることの治療的意味を説明するもっとも説得的な論述をジェンドリンの〈体験的応答〉（Gendlin 1968）に見つけた。〈体験的応答〉とは、クライエントに感情的体験的な効果をもたらすようなセラピストの応答であり、治療的な効果をもたらすために必要とされる応答である。

ジェンドリンは〈体験的応答〉にはふたつの側面があるとする。ひとつの側面は、セラピストがクライエントの意味に応答することによって、クライエントの〈体験過程〉をさらに進めていこうとする試みである。傾聴やフォーカシングの促しは、この方向での援助である。これは、クライエントのなかの感じられているがまだことばになっていない暗黙の〈体験過程〉への応答である。もうひとつの側面が、セラピストがクライエントの相互作用的な行動に率直に応答する努力である。この応答も、クライエントの体験過程をさらに進めるためのものであるが、セラピストの〈体験過程〉から生まれる相互作用的応答である。セラピストの内的準拠枠からの応答である。

セラピストが中立であることをよしとする立場からは、このような自分の側の反応は、転移・逆転移として、スーパーヴィジョンや教育分析の場で扱われるべき問題とされることがある。しかしジェンドリンは「私の気持ちが私たちの今ここでのやり取りと関係ある場合には、私はそこから応答しなくてはならない」（p.220）と述べる。そして、その理由を以下のよう

に続ける。

> 私の反応は私たちの相互作用の一部である。それはクライエントに返さなくてはならないし、それによってクライエントが、相互作用の、今は私の側に起こっているその部分を次に進めることができる。もし私が反応を返さなかったら、私たちはそこで行き詰まってしまう。もちろん、私には自分の応答の仕方について責任がある。つまり、私は応答の際、自分の反応をクライエントに正直に、反応を見える形で返さなくてはならないし、クライエントが私の中に起こしたことに対してさらに応答できるよう行動しなくてはならない。

　これは「まず相互作用ありき」(Gendlin 1996, 1997) というジェンドリンの哲学に基づく発想である。人間を含め生き物の変化は本来、個体内（個人内）で起こるものではなく、相互作用的プロセスである。セラピストとクライエントの相互作用のなかで、セラピストの側に起こる反応は、その相互作用の一部であり、その相互作用を進める次の一歩を含むものである。もし、その反応を無視して中立を装うことは、クライエントのプロセスをも阻止することになる。

　このような具体的な相互作用は、常に進行しており、ことさらとりあげる必要のないことも多い (Gendlin 1996)。クライエントの体験が進展している場合には、そのプロセスを見守り、傾聴し、クライエントのプロセスを促進する応答をするだけで、変化は起こっていく。しかし、時に行き詰まり（クライエントの沈黙や堂々巡り、セラピストの退屈や怒りなど）が起こったときには、その行き詰まりを進展させるための応答が必要になる。クライエントのなかには、周りの人に当惑や嫌悪感を引き起こす人もいる。セラピストに対しても例外ではない。セラピストとの間で、そのような問題の相互作用が起こったら、それは、通常クライエントの周辺で起こっている行き詰まりを乗り越えて相互作用が進みうる治療的機会である。

　その際に必要なのは、セラピストが、クライエントから引き起こされる自分の反応に注意を向け、それを自分にもクライエントにも意味あるよう

な形で表現できることである。それに対して、さらにクライエントが応答することで、他の人との間では進まない相互作用が次に進んでいく。それが、めざすべき治療的変化である。もちろん、セラピストは、自分の反応（怒りや退屈）をそのまま行動化するのではなく、そこに何が含意されているのかを、クライエントに伝わる形にまで明らかにしてから伝える必要がある。つまり、セラピスト自身が、クライエントとの相互状況そのものについて、その場でフォーカシングをおこなうのである。

暗黙に含意されていることの明示化が、変化のプロセスである。その変化のプロセスはそもそも相互作用的プロセスであり、それが行き詰まっている場合には、その相互作用の一部であるセラピストが、自分の反応に注意を向け明示化することで、クライエントの変化に貢献しうるのである。

〈真実〉であるための訓練

では、セラピストはどのように自分に〈真実〉でいられるようになるのだろうか。また、その「偽りのないあり方」をクライエントの変化に役立てられるのだろうか。

フォーカシング（Gendlin 1978）の実践は、自分の〈体験過程〉の流れに注目しそこから表現する練習の機会である。フォーカシングは、状況や問題についてまだことばにならないがからだで感じている〈フェルトセンス〉に対して受容的な注意を向け、その表現を試みることによって、体験的な一歩が生まれるのを待つことを促す自助的な技法である。フォーカシングは、セラピーを通して変化をした人たちの自分への関わり方を抽出したものであり、全般的な真実性を育む実践でもある。

ここでは、フォーカシングの実践のなかでも、私自身がセラピストとしての真実性を身につけるために役立った枠組みとして、フォーカサーに教えてもらう方法による傾聴訓練と、インタラクティヴ・フォーカシング（Klein 2001）を紹介したい。

◆フォーカサーに教えてもらう方法

　フォーカサーに教えてもらう方法 Focuser-as-teacher model = FAT は、共感的な傾聴の練習方法である。聞き手が共感的な傾聴ができているかどうかを、話し手（フォーカサー）にその場その場で教えてもらう。背景には、「共感してもらえているかどうかがわかるのは話し手本人しかいない」という考え方がある。話し手は聞き手の応答のたびにわかってもらえた「そうそう、そうなんです」という感覚や「うーん、ちょっと違って……」というズレの感覚を感じている。FATでは、その感覚に忠実にそのときその場で、聞き手の応答のズレや足りなかった点をフィードバックすることが求められる。つまり、話し手は、自分の話をすると同時に、その場での聞き手との関係に敏感に、理解してもらっているかどうかについての確認をしていくわけである。

　この練習法の主要な目的は、聞き手が自分の理解を話し手に確かめることで《共感的理解》を築いていくことであるが、私は、これが特に面接場面での〈真実性〉の訓練としても有効であると実感している。特に、話し手の立場での体験が、その場の相互作用への感受性を高め、自分の体験に忠実にそれを相手に伝わるかたちで表現する訓練、すなわち、そのときその場での自分に真実であるための訓練となる。

◆インタラクティヴ・フォーカシング

　インタラクティヴ・フォーカシングは、上述のFATに基づく「丁寧な傾聴」を支えにしながら相互にフォーカシングをおこなう実践である。フォーカシングが自分の内側との対話が中心になるのに対して、インタラクティヴ・フォーカシングでは、二人の人間の間の実存的関わりに焦点が置かれる。そして、それを安全におこなうための枠組みが提供されている。前出ジェンドリン〈体験的応答〉の第二の側面である相互作用的な応答の練習枠組みと言ってもいいかもしれない。

　インタラクティヴ・フォーカシングの枠組みの特徴は、「二重の共感の時」と「相互作用的応答」である。「二重の共感の時」は、聞き手が話し手の話全体を深く取り入れて自分の奥深くから浮かんでくる相手への共感を

伝えることが求められる。これは、心からの共感のトレーニングと言えよう。そのうえで、「相互作用的な応答」では、今度は、聞き手が自分の側の反応をことばにする。話を聞きながら、一人の人間としての自分のなかに起こる反応を表現することで、より透明な相互作用が起こる。

　これらの方法は、クライエントを尊重しつつ、深いところからの共感的理解を体得するための練習法であり、また、そのときその場での自分の反応に敏感になり、その意味を明らかにして表明できるようになるための練習法である。

　実際に面接の場で援助的に真実であるためには、このような練習を通して、そのときその場のクライエント、自分、あるいはその関係についてのフォーカシングができるようになることが役に立つ。必要な場で即時にフォーカシングできることが、真実であることなのではないだろうか。

どこまで真実でいなくてはならないのか

　ここまで、「セラピストが自分に偽りなくいること」が治療的に役に立つこと、そして、フォーカシングの実践がセラピストの〈真実性〉を育む練習法になりうることを述べてきた。実際には、〈真実性〉のみでなく、フォーカシングやその聴き方の訓練は、《共感的理解》や《受容》というセラピスト態度の訓練としても非常に有効である。最後に、「このようなセラピストの態度条件は、どれほどの水準が期待されているのか」という点で、パートン（Purton 2004）の解釈を紹介しておきたい。

　彼は、セラピスト条件が高いことが治療的変化をもたらすのではなく、セラピスト条件があるレベル以下になると、起こるべきプロセスが阻止されるという解釈を提唱している。つまり、セラピスト条件は、車輪のタイヤの空気のようなものであると言う。車が走るためには車輪が必要であり、車輪のタイヤには空気が入っている。車が効率的に走るためにはタイヤに空気は十分入っている必要はあるが、たくさん空気が入っていれば速く走るというわけではない。そうではなく、空気が抜けていたらスピードが遅くなる、あるいはパンクして動かないのである。

《共感》や《受容》や《純粋性》といったセラピストの態度条件も、同様である。高いセラピスト条件が治療的変化に貢献するわけではなく、セラピストの態度条件が少なすぎると、つまり、セラピストが誤解したり批判したり、ごまかしがあり信用できない場合に、クライエントの変化を邪魔してしまうのである。

　こう考えれば、セラピスト条件を高めようとそれほどこだわらなくてもよい。私たちは、クライエントのプロセスの妨害をしない程度の関係を提供すればよいのである。それでも、タイヤの空気が抜けるように、《共感》や《受容》や〈真実性〉というセラピスト条件も欠如して、プロセスを妨げてしまうことがある。共感できない場合、受容的になれない場合、あきてしまう場合、怒りや批判の気持ちが起こってくる場合、などである。

　そのようなときに自分の反応に気づくことも、〈真実〉でいるためには必要であり、そのための道具としてフォーカシングは有用である。そのような相互作用の問題に気づき、それを誠実に修正していくプロセスこそが、不完全な人間である私たちにとって、現実的な〈真実性〉と言えよう。そして、それこそがプロセス促進的な相互作用なのではないだろうか。

一致からみた共感的理解
―レゾナンスモデルをささえるセラピストの一致―

田村隆一

状態としての《一致》と自己表明

◆ 人間の状態としての《一致》

ロジャーズが提唱した「治療的人格変化のための必要十分条件」(Rogers, 1957) では、六つの条件が挙げられているが、いわゆる"中核条件"としての、《一致》《共感的理解》《無条件の積極的関心（配慮）》のなかでは、《一致（不一致）》だけはセラピストとクライエントの両方に記述されている。第二の条件において、クライエントは不一致であり、第三の条件でセラピストが一致していることとされている。第四から第六の条件では、《共感的理解》と《無条件の積極的関心》がセラピスト変数として規定されているのに対して、《一致》はセラピスト変数としてだけでなく、クライエント変数としても条件に組み込まれている。《共感的理解》や《無条件の積極的関心》はセラピスト側の態度であってクライエント側の状態を示すものではないのに対し、《一致》は人間の心理的な状態のひとつである。双方の一致という変数が対になってセラピーが進展していくものである。

◆「自己表明」と《一致》

セラピストにとっての《一致》とは、セラピストの状態・態度を示すも

のであるが、それは同時に「自己表明」という行為を巻き込む概念であった。ロジャーズは以下のように、《一致》と「自己表明」について述べている。

> セラピストが自分自身のこうした現実を、どの程度はっきりとクライエントに伝えるのかという厄介な問題を考えると、話はとんでもない方向に向かうであろう。たしかにこの条件の目的は、セラピストが自分自身の感情を表現するとか、全部話すということなのではなくて、大事なことは、自分自身に関してクライエントを欺いてはならないことなのである。しかしときには、その感情が次に述べる二つの条件を妨げる場合には、〔中略〕自分自身の感情をある程度打ち明ける必要があるであろう。(Rogers 1957)

《一致》において、自分の感情を全て表現することは必要ではないが、状況に応じて「自己表明」を行うことがあるとされている。

このことは、特にカウンセリングを学び始めたばかりの者にとっては悩ましい問題となる。自分のなかにクライエントに対する不快な感情が生じたときに、それをどう表現するのか、何も言わないでおくのかという葛藤が生じる。重要なのは《一致》の方ではなく、〈不一致〉の状態かどうかである。「クライエントを欺いて」いる状態では《共感》や《受容》が困難になるために、〈不一致〉を解消する必要がある。しかしそれは、常に「自己表明」によって成し遂げられるわけではない。

必要なのは〈不一致〉をセラピストが自覚することと、そこで生じている不快な感情そのものではなく、不快感を引き起こしている体験全体（つまり、そのフェルトセンス）に注意を向けることである。フェルトセンスからは、必ずしも不快な感情が表出されるわけではない。不快感の奥にあるセラピストの不安や焦り、暗に感じ取られたクライエントの悲しみなどが出てくることがある。この時は「自己表明」より、セラピスト自身の気づきがセラピーに有益に働く。インタラクティブ・フォーカシングの手順は、この作業をシステムとして技法化したものともいえる。

◆漸近線としての《一致》

《一致》には完成した状態がない。常に「より一致した状態」に向かって近づき続けることはあるとしても、「一致した」というゴールはない。いわば漸近線のように、限りなく近づき続けるだけである。これは、《共感的理解》や《無条件の積極的関心》についてもいえることであろう。必要なのは理想的な状態ではなく、〈不一致〉や「共感できていないこと」をセラピストが知覚できることである。気づけなければ、その状態を抜け出すことは困難である。

精神病者への関わりから発展した《一致》論

◆精神病患者とセラピストの「自己表明」

ロジャーズの《一致》の概念に大きな影響を与えたもののひとつに、統合失調症に対するクライエント中心療法適用の大規模な研究であるウィスコンシン・プロジェクトがある。このときの経験から、ロジャーズは"中核条件"のなかでも《一致》を最も基本的で重要なものとみなすようになった（Rogers & Truax 1967）。統合失調症患者にとってコミュニケーションの重要な鍵となるのが、セラピストの《一致》であった。

ジェンドリンはウィスコンシンプロジェクトの共同研究者であった。ジェンドリン（Gendlin 1961）は統合失調症の患者に対してのアプローチとして、セラピストの自己表明性を重視し、(1) 押しつけにならないこと、(2) 治療者が二三分間自己に注目すること、(3) すっきりした平明さをその前提として挙げている。また、言語下的相互作用を強調している。統合失調症患者においては、言葉が象徴としての機能を十分に果たしておらず、異常体験を言語化してもその言葉から、患者を共感的に理解することが困難なため、《一致》と「自己表明」が、患者とのコミュニケーションの重要な手段となる。

◆体験過程理論と《一致》

ジェンドリン（Gendlin 1962）は、〈体験過程〉理論における《一致》の問題

を考察している。〈体験過程〉理論はのちにフォーカシングにつながっていくが、〈体験過程〉理論における《一致》とは、常にセラピストが自らのフェルトセンスに注目し、そこから自分の体験を象徴化していくプロセスそのものである。

　このときの《一致》とは、何か「フェルトセンス」と「象徴（表出された言葉など）」が同じというスタティックなものではない。フェルトセンスから何らかの象徴が表出された瞬間には、もとのフェルトセンスは多かれ少なかれ変化している。そこで新たに変化したフェルトセンスに注意を向けると、別の象徴が表出される。いつまでたっても、ロジャーズの言う「経験」（ジェンドリン流に言うと「体験過程」）は、完全に表現されるものではない。

◆統合失調症患者との面接

　筆者は以前、ある男性統合失調症の患者の面接を行った。まだ急性期ではあったが、薬物療法がなかなか効かないために主治医から面接を依頼された。患者は落ち着きがなく、話題は一分も経たないうちに突然変わり、内容も妄想的なため、話についていくことすら難しかった。好きなアイドル歌手の話を始めたかと思うと、前の病院での主治医の話、同室の患者の話、天気の話、為替相場の話、星の話と次々にめまぐるしく話題が変わった。話の中身を確認しようとしても、すぐにまた別の話題に移ってしまうために、話をゆっくり聞くこともできなかった。

　しかたがないので、話題をひとつひとつ確認するのではなく、ぼんやりと話全体を聞いていた。すると、それぞれの話題がしばらくすると戻ってくることに気づいた。次つぎに際限なく話題が変わるのではなかった。本人のなかでは、六つくらいの話題が同時並行で感じられていて、テレビのチャンネルを数十秒ごとに切り替えるかのように、話題を変えているのではないかと感じた。次にその話題に戻ってきたときには、わずかではあるが話のつながりを感じた。

　筆者は自分のフェルトセンスに注意を向けると、何か落ち着かない感じがした。焦っている感じがした。からだのしんどさを感じた。しばらく話を聞いていると、「しんどい」感じがどうも中心のように思えてきた。筆者

一致からみた共感的理解

は「しんどいですね」と言った。患者は筆者の言葉に一瞬注意を向けたが、すぐまた話し始めた。しかしその後は、わずかに話すペースがゆっくりとなった。この後は、筆者はゆったりと話が聞けるようになった。

このときは、筆者は話全体から感じるフェルトセンスに注意を向けることによって、結果的に《一致》に近づき、少し理解しやすくなり、患者も幾分落ち着いた。

精神病圏の患者との面接の際には、セラピストが患者の言葉や体験が理解できなくても、フェルトセンスを手がかりにすることで、面接をすすめることが可能になる。〔本事例は、プライバシー保護のため複数の事例を合成した架空の事例である。〕

レゾナンスモデル ―共感概念で説明しにくい治療関係―

◆共感にはクライエントと同じ体験内容が必要なのか

"必要十分条件"の論文(Rogers 1957)では「第五の条件は、クライエントの気づきについて、そして自己自身の経験について、正確なそして共感的理解を体験しているということである。クライエントの私的世界をそれが自分自身の世界であるかのように感じ取り、しかも『あたかも……のごとく』という性質"as if quality"をけっして失わない」とロジャーズは記述している。

また、「セラピストは、クライエントにはっきりしているものを自分が理解していることを伝えることができるばかりではなく、クライエントがほとんど気づいていない自分の経験の意味を言葉にして述べることもできるのである」とも書かれている。

これだけを読むならば、《共感的理解》には、何をどのように感じているのか、それに対してクライエントがどう認知しているのかを、セラピストが体験していることが必要であるようにみえる。

フォーカシングにおいては、内容をほとんど語らずにプロセスが進むことがある。夢のフォーカシングにおいてはなおさらである。『あることが思い浮かびました』というだけで、その中身や事実関係は語らなくても

フォーカシングは可能である。後日、フォーカサーから『あの時の夢のフォーカシングで、職場での私の立場に気づけたじゃないですか。その後で……』などと話されるものの、ガイドとしては、そこで夢から連想されたものが職場での人間関係だということは一切知らされていなければ、話の文脈がさっぱりわからない。このときガイドは、共感していたのだろうか。フォーカサーから「共感されている」と感じられていたのだろうか。

◆話の内容を知らない状態の共感とは

フォーカシングにおいて、フォーカサーが『あることが気になります』と発言し、その内容は語らないままで、フェルトセンスを味わい、プロセスが進んでいく場合、ガイドはそのフェルトセンスを想像はするだろうが、あくまでもガイド自身のフェルトセンスを手がかりとして、ついていくことになる。それでも多くの場合は、フォーカサーにシフトが生じる。共感されたときと同じような感覚になる。前述した統合失調症のような場合ではなく、通常の会話が可能なクライエント（フォーカサー）であっても、話の具体的な内容を知らないままで面接を進めることができる。

この時、言語的な相互作用よりも「言語下的」相互作用が優位になっている。フォーカサーとガイドが、ひとつの体験を共有しているようなものではなく、フォーカサーがある体験をしており、同じ時にガイドは内的な体験をしている。そのふたつの体験が同じであるとか似ているかどうかは問題ではない。セッションが終了するまで一度も確かめなくとも、治療的変化は生じうるからである。

◆〈レゾナンスモデル〉

《共感》が体験の内容から独立したものであるならば、何をもとに共感されたという感覚が可能になるのだろうか。おそらく、双方にはフェルトセンスがあり、クライエント（フォーカサー）のフェルトセンスの変化と、セラピスト（ガイド）のフェルトセンスの変化が、共鳴するかのように相互作用を起こしており、その相互作用を体験することで、あたかも共感され、受容されているのと同等の安心感や心地よさをクライエントが味わっている

のではないかと考えられる。

　この時、伝統的な《共感》という概念では説明しづらい。いわば「双方が共鳴しあっている」ような状態であり、その共鳴の感覚が治療的にも効果をもたらしている可能性がある。ここではセラピストとクライエントの役割の区別があいまいになり、二人の対等な存在としての人間に近づいている。この治療的関係仮説を〈レゾナンスモデル〉と呼びたい。

　〈レゾナンスモデル〉では、語られる内容とクライエントの感情や葛藤が理解できるというような手がかりがないため、治療関係がうまくいっているかどうかを、《共感》という尺度で判断することが難しい。セラピストにとって基準となるのは自己のフェルトセンスであり、セラピスト自身の《一致》である。そこで生じるクライエントの一体感と、相互作用の感覚によって、治療関係の深化を確認することが可能ではないかと考えられる。

　ロジャーズは、セラピストの存在そのものが援助的になってくる瞬間を次のように記載している。

> 私自身の内面の自己、直感的な自己に私が最も接近しているとき、あるいは自分の内側にある未知の領域に何かしら接触しているとき、あるいはまた、それはおそらくその関係のなかで軽い変性意識状態 *altered state of consciousness* にあるということであろうが、そういう状態のときに私が何をしようと、それがそのままで十分に治療的になっているように思われる。そんなときには、私がそこに存在している *presence* というだけで、クライエントにとって解放的であり、援助的になっているのである。（Rogers 1986）

　ここでは、ロジャーズがスピリチュアルな側面について語っていると一般的には考えられている。スピリチュアルな特質をどう定義するかは別にしても、ここでは"中核条件"が満たされたときに生じる特異的な関係が描かれていることは事実であり、これを《共感》とか《受容》とか《一致》に分解することはできない。ひとつの統合された治療関係像を表現している。スピリチュアルというような言葉を使用するよりは、「セラピストとク

ライエントの一体となった治療的な場」と考えた方がよいように思われる。

◆超意図的イベントとしての自己表明

治療的な関係が進んでいる瞬間には、セラピストの意思や意図を超えて、「思わずある言葉が口をついて出る」というような場合がある。言葉として出されたものは、後から振り返れば、それがどういう意味を持つのか不明確ではあっても、その瞬間に大きなシフトがクライエントのなかに生じることがある。

この場合、セラピストは自分の意思で「自己表明」をしようと思ったわけではない。「自己表明」の多用は、危険も伴う。クライエントのプロセスよりもセラピストの方を優先していないだろうか。しかし、ぎりぎりのところまで、言おうか言うまいかと迷っていたあげくに、自分で決断したわけでもないのに、うっかり口に出てしまったような、超意図的なイベントが生じた場合には、その前の段階で、セラピストがより一致した状態になろうとして、フェルトセンスに注意を向け、そこから湧き上がってくるものを否定せずに、受け入れようとしているならば、このようなアクシデントは有効に作用することが多いようである。

◆《一致》の階層性

治療関係が深まり、セラピストとクライエントが軽い変性意識状態に入っているようなときには、両者が一体となって、共同の体験が進んでいくような状態になる。この時のセラピストの《一致》というような状態は、カウンセリングを開始した直後に、クライエントの話を傾聴し、理解しようとして、ひとつひとつゆっくり確認しながら話をしているような状態とは、明らかに異なっている。

一口に《一致》といっても、そこにはレベルの異なる現象がひとまとめに議論されているのかもしれない。「自己表明」の概念も、行為そのもので説明がつくものではない。その瞬間の治療関係とセラピストの意図を含めた議論がさらに必要であろう。

特別編

海外からの寄稿

表現すること、一致、そして中核条件

キャンベル・パートン
本山智敬・三國牧子 監訳／高下恵子 訳

　カール・ロジャーズの心理療法への貢献として最もよく知られ、最も影響を及ぼしたものは、「パーソナリティ変化の必要にして十分な条件」の提唱であろう（Rogers 1957）。その六条件のうちの二つはクライエントに関連したもので、もう一つはセラピストとクライエントの相互作用に関連したもの、残りの三つはセラピストに関連したものである。そのセラピストに関連した三条件（条件3,4,5）は、いわゆる"中核条件"として広く知られるようになった。

「中核」としての三条件

　私が知る限りロジャーズはこの言葉は使わなかったが、それらが"中核"条件と呼ばれるようになったのには理由がある。これらの条件は、セラピストがコントロールできる条件とみなされたからである。セラピストは、共感的で、受容的で、純粋でいようと努力することができるし、トレーニングを通して訓練生はこれらの態度を学ぶことができる。他の三つの条件は、ほとんど、あるいは全くと言ってよい程、セラピストのコントロールの範囲外である。

　セラピストとクライエントが「心理的に接触をもっている」という第1

条件は、セラピストとクライエントそれぞれのあり方に左右される。クライエントがセラピストの共感と受容を知覚しているかという第6条件は、殆どクライエント側のあり方に左右される。そして、クライエントは「不一致の状態にあり、非常に傷つきやすく不安な状態にある」という第2条件は、もしクライエントが助けを求めるような心理的混乱がないならば治療はありえない、ということをただ言っているにすぎない。セラピーの"中核"を「セラピストがクライエントを助けるために何ができるのか」というかたちで捉えた場合、ロジャーズの視点は明確である。つまり、セラピストはそのために「中核条件を身につける必要がある」ということである。

　"中核条件"が効果的なセラピーにとって重要であるということは、もっともなことに思える。人はこのように言うだろう――「セラピストが受容的ならば治療が効果的になるのは当然だ。もしセラピストが批判的で評価的だったら、クライエントは安心して相談をすることができるだろうか」。同様に、次のように考えるのも自然なことである――「もしセラピストが共感的だったら、当然、治療はうまくいくだろう。クライエントはセラピストに理解されたと感じる。もしセラピストがほとんどクライエントに理解を示さなかったら、クライエントはセラピーで自らの感情をどう表現するというのだろう」。もしセラピストが純粋でなかったなら、あるいはもしセラピストがただクライエントを受容し理解している・ふり・をし、クライエントがそれに気づいていたとするなら、治療効果がみられないのは明らかだろう。

　しかしながら、もっともらしいことはいつも真実であるとは限らない。例えば、地球は平坦で静止していると感じることもそうである。心理療法における研究の目的のひとつは、私たちの直観やもっともらしさが実際に妥当であるかどうかを確認することである。よって、"中核条件"の重要性を示唆する研究結果は注目に値する。クーパー（2008）は近年、それらの結果を考察しているが、要約すると以下の通りである。

表現すること、一致、そして中核条件

◆ 共感的理解

　ロジャーズは共感的理解をクライエントの個人的世界へと入るセラピストの能力と定義した。「ここにいる自分でない他者の中に流れている、その変化している意味に対して、その時々で敏感でいること」。そして、この定義を使って、ボハートら（2002）は47の研究をもとに、セラピストの共感力と治療効果との間に非常に有意な相関があることを示した（効果量はコーエンのdで約0.68）。また、他の研究でも強い相関がみられ、実証的研究によって支持された治療関係に関するアメリカ心理学会の特別委員会は、共感的理解は治療関係において明らかに有効な要因であると結論づけた。

◆ 受容（無条件の積極的関心）

　積極的関心の効果に関する研究のエビデンスは、むしろもっと混在している。「無条件性」の重要性についてのエビデンスはほとんどなく、研究の約半分だけが積極的関心と効果との間に正の相関があることを示している。一方、「積極的関心」のクライエント評価を加味した場合にのみ、相関はもっと高くなる（これは、「セラピストの積極的関心をクライエントが知覚しなければならない」というロジャーズの条件を含める必要性を裏付けていると言えよう）。

◆ 一致（純粋性）

　ロジャーズ（1980b）は、《一致》が最も重要な中核条件であると確信するようになった。しかし研究結果は、その効果を非常に強く裏づけるには至らなかった。しかしながら、セラピストが「信頼に値すること」が重要な要因であるかもしれないといういくつかのエビデンスがある。《一致》の効果研究で困難なのは、概念そのものが十分に定義されていないという事である。この条件を別の言葉で言い換えると「純粋性」「真実性」「正直さ」などであるが、意味的に全く同じではない。セラピストはクライエントと共有していることに対しては真実であり純粋であるが、共有していないことについてはそれほど「正直」なわけではない。リーター（1993）が指摘したように、セラピストはクライエントを欺いていないという「透明性」という点では一致しているかもしれない（例えば、セラピストはクライエントが好き

だと本当に考えている)。一方で、自分自身を偽っている(実際はクライエントのことを好きではないが自分ではそのことを認めていない)という点では一致していない。これらの点は、信頼に値すると感じられることが非常に重要であると共に、《一致》はロジャーズが考えたような簡単な概念ではないかもしれないことを示唆している。

《一致》という概念をめぐって

《一致》の概念に関する更なる問題について述べていきたい。

《一致》はロジャーズの考えではふたつの異なった視点で捉える。つまり、セラピストにとっての《一致》は"中核条件"のひとつとしてみなされ、クライエントにとっての《一致》はセラピーの目標として考えられている。ロジャーズの第1条件では、クライエントは〈不一致〉の状態にあり、傷つきやすく、不安な状態であるとしたが、セラピーが継続するとクライエントは〈不一致〉から《一致》へと変化する。このように《一致》は、ロジャーズのセラピー概念の中心にあり、ある意味、《共感的理解》や《受容》はそうではない。クライエントはセラピーが進むにつれ、より受容的になり、共感的になってくるが、これらの変化は、クライエントが《一致》していくのとは異なり、セラピーの効果があったかどうかの基準ではない。

ロジャーズが《一致》によって何を言いたいのか、より綿密に検討することにしよう。

ロジャーズ(1957)は《一致》についてこう書いている――「セラピストが、自由にそして深く自分自身であり、現実に経験していることが自己の気づきによって正確に表現されているということである。それは意識的であれ無意識的であれ、仮面をかぶることの正反対である」。

「意識的であれ無意識的であれ」というところは、リーターが指摘した点である。ロジャーズによれば、もしセラピストがクライエントに対しても自分自身に対しても偽っていないのであれば、そのセラピストは一致して

いる。この点において、一致しているセラピストが信頼に値する存在として見られやすいことはもっともなことであり、我々もこの条件を「信頼に値すること」や「見せかけや自己欺瞞（自分を偽ること）がない状態」と呼んでいる。

　しかし、セラピーの進展や目標において《一致》は「信頼に値すること」と言い換えることが可能であろうか？　セラピーの目的はクライエントがより信頼に値する人になることであると言えるだろうか？　ほとんどのクライエントは、セラピーを受けに来た時に、その目的を理解しているとは言いがたい。それにもかかわらず、その人にとってのセラピーの効果が何であるか言えるだろうか。

　ロジャーズは、心理的な問題はいつも、クライエントが現実の経験を「自己の気づきによって正確に表現できず」、「自由に深く自分自身」でいられないことによると主張するだろう。しかしそれは、クライエントが信頼に値しないということを意味しているのではない。それは単に、自己欺瞞（自分を偽ること）からもたらされるところの信頼できない感じであり、故意に他者をだます、つまり「人を欺くこと」からもたらされるそれとは別だと思われる。自己欺瞞はおそらく一種の心理的な問題として解釈されるが、人を欺くことは、心理的というよりもむしろ道徳的な問題であるように思われる。

　ロジャーズが、まずクライエントが「不一致の状態にあり、傷つきやすく、不安な状態にある」と言う時、クライエントの傷つきやすさや不安は（「自己の気づきから正確に表現され」てはいない「現実の経験」のなかの）自己欺瞞に根ざしていると捉えるのは自然である。しかし、彼らの傷つきやすさや不安が、人を欺くこととどのようにつながっているかを考えることは難しい。このように、ロジャーズがセラピーの進展や目標という文脈でクライエントの〈不一致〉について書いている時は、他者欺瞞（人を欺くこと）ではなく、自己欺瞞（自分を偽ること）という意味で用いていると言える。一方で、セラピストの"中核条件"の文脈においては、リーターが指摘しているように、この意味での（自己欺瞞でないという意味での）〈一致〉と〈透明性〉の両方を含める必要がある。

このように《一致》の概念がはっきりし始めたが、ロジャーズ理論のより深い意味合いを持つもうひとつの難しさがある。

　前述のロジャーズの引用によると、現実の経験が自己の気づきによって正確に表現される時、クライエントは一致している。ここに《一致》に関する図式を紹介すると、これはロジャーズも認めるとおり幾何学からきており、ふたつの三角形の大きさと形が正確に等しいならば、両者は一致していると言われる。もしクライエントの「気づき」もしくは意識が「現実の経験」と正確に合うならば、クライエントは一致しているという訳である。簡潔に言うと、例えばクライエントが本当に怒っている時に「わたしは怒っている」と言ったり考えたりするならば、クライエントは一致している。もし怒っている時に怒っていることを否定するならば、〈不一致〉の状態である（上述したとおり、〈不一致〉は自己欺瞞〔自分を偽ること〕を指していると言える）。

　このことの難しさは、怒っているのかどうかを私たちはどのようにして分かるのか、という点にある。「一致している三角形」では、私たちは内面に注意を向け、内なる感情が怒りなのか、そうではないのかに気づくものだと見なされている。この発想は、私たちは注意を外側に向けて、見ている鳥がワシであるかどうかを考えることができるのと同じように、注意を内側に向けて、その感情が怒りであるかどうかを考えることができる、というものである。怒っている時、確かに私たちは「内面に注意を向け」、緊張や動悸のような特定の身体感覚や異変にしばしば気づくことがある。それらは明らかに怒りと関係しているが、重要なのは、それらの感覚は怒りと全く同じものではないということである。私たちはそれらの感覚を持たずに怒ることが出来るし、逆に例えば興奮している時など、怒りを感じていない時にそれらの感覚を持つかもしれない。

　重要な点は、私たちは「怒っていること」を「特定の身体感覚を持つこと」で捉えることができないということである。英語の知識が少ない人がangerの意味を知りたいと思った時、私たちは「それは特定の特徴を持った身体感覚です」とは言わないだろう。むしろ、ある特定の状況や反応に注意を向け、「angerとは、あなたが何らかのかたちで傷つけられようとした

時に、相手をたたいたり、たたきたいと思う反応のことです」というように答え、そのような状況の例を挙げるであろう。例えば、ジョンはメアリーの身体感覚ではなく、彼女が誰かに失望させられてじだんだを踏んでいるのを見て、メアリーが怒っていることが分かる。しかし、ジョンは自分自身が怒っていることをどのようにして分かるのだろうか。通常は、状況や反応の仕方を観察することを通してではない（そのような場合がないこともないが、通常は状況や反応を確認せずとも怒っているかどうか分かるのである）。ではどのようにして分かるのか。この点において、もし状況や行動といった「外側」を見ることで怒りを見分けるのでなければ、私たちは身体感覚といった「内面」を見ているはずだと強調したくなるだろう。しかし、これまで見てきたとおり、その主張は納得のいくものではない。

ここでウィトゲンシュタインの著書（1982, 1997）が助けになるだろう。ウィトゲンシュタインは、子どもが実際にどのようにして『I'm angry（怒っているの）』と言えるようになるのかについて述べている。最初のポイントは、子どもが言語能力を獲得するずっと以前から、行動のなかにはっきりと怒りを表現するということだ。子どもの親は「あなたは怒っているね!」という言語的な方法を含んださまざまなやり方で子どもの怒りに対応する。親はまた、言葉や行動で自分の怒りを表現する。子どもを叩く代わりに怒っているのよと言う。親と子どもの、あるいは言葉と行動のこうした相互作用を通して、子どもは怒りを行動だけでなく言語を用いて表現できるようになるのである。不快な状況では、子どもは叩くよりも『やめて!』と叫ぶかもしれない。そして少し後から『腹が立つなぁ!』といったような表現が、同じ機能を果たし始める。泣く行為から『嫌なの』という発言に置き換わるように、もとの行動が『腹が立つ』という発言に置き換わるのである。こうした後から出た発言は「内的状態の報告」ではない。より原初的な行動反応と同じ機能を持つ表現である。

重要なのは、『I'm angry』と言えるようになるために、私たちは「内面に目を向け、身体感覚に聞いてみる」必要はない、ということだ。単にI'm angryという言葉が怒りを表している文化のなかで育っていなければなら

ないだけである。もし異なった言語文化で育ったならば、違う言葉を用いるだろうが、その（傷つけられるようなことを防ぐという）機能は同じであろう。

それが正しいのであれば、ロジャーズの《一致》の図式は紛らわしくなる。怒っているかどうかの判断は、「内的感情」に目を向けることを通してではない。自分は「怒っている」と本当に言いたいのか、あるいは自分は「イライラする」とか「残念だ」と言いたいのかに気づくことを通して判断しているのである。私たちは自分が本当に言いたいのは何なのか、さまざまな表現を試し、そのうちこれだと思う表現を見つける。なぜその表現がぴったりなのか、その理由を言えることもあれば、言えないこともあるだろう。

まずは、理由を説明できる場合について考えてみよう。ある人をチャーリーと呼ぶことにする。チャーリーがこう言ったとしよう──『わたしは怒っているというより、がっかりしているんだ。アンジェラ、君はそんなつもりじゃなかったんだろうけど、やはり君は、彼女に電話する前にもっとよく考えるべきだったね』。ここでチャーリーは、その状況は怒りがもたらされるようなものではないことに気づいていると思われる。なぜなら、彼はアンジェラがわざとやったのではないことを知っているからである。さらにチャーリーは、自分が本当に怒っていないことを、具体的な状況を挙げて説明するかもしれない。しかし他の場合では、チャーリーのように説明できなくても本当に怒っていないことを自覚するかもしれない。

私たちは言語的な「トレーニング」を行うことで、言いたいことを細やかに言えるようになるが、そのように言う理由を説明する能力を発達させてこなかった。理由が言えなくても自分の感じを言えることは驚くことではない。この矛盾は、言葉を使ううえではごく普通のことである。例えば、私たちは理由が言えなくても、写真に写っている表情が優しいと言えるし、船乗りは理由が言えなくても嵐がやってくると言える。私たちが表情が分かるようになり、船乗りが天気が分かるようになったのは、それが私たちにとって極めて重要だからである。しかし、その理由を説明することはそれほど重要ではない。それで私たちはそのことを必ずしも学んではこなかったのである。

クライエントにとっての《一致》

「クライエントの《一致》」については非常に分かりやすい。つまり、クライエントが感じていることを語る時の《一致》ということである。紛らわしいのは、例の《一致》の図式が、クライエントが感じていることを語るために「内面に目を向け」、その言葉が「そこ」にある「経験」に合っているかを確認しなければならないと思わせてしまうことである。現実はもっと簡単である。つまり、一致しているクライエントは、自己を表現する十分な方法を見つけ出している。逆に〈不一致〉の状態にあるクライエントは、純粋な表現でないことを語っている。例えば、セラピストが期待していると思われることや習慣的にいつも言っていること、あるいはこのような状況で「多くの人が言う」ことや、当たり前のことを語っている。これらはすべて、純粋な表現ではない。それらの表現はすべて「自分の感覚から来た」ものではないと言えるだろう。それらは正確には純粋な表現でなく、馴れ合い、習慣的応答、反復、推測などである。

　カウンセリングや心理療法は、基本的にはクライエントが自分自身を表現することを援助することであると私は考える。これは主な心理療法に全般的に言えることであろう。精神分析における主な手続きは自由連想であり、クライエントは心に浮かんだことを自由に表現するよう促される。認知行動療法では、クライエントは自らの問題をリフレーミングする方法、つまり問題についての別の表現の仕方を見つけることを促される。そしてパーソンセンタード・セラピーでは、クライエントが自身の感情の表現の仕方を見つけられるような条件を作り出すことを強調している。

　心理療法において「表現すること」を強調するのは驚くことではない。言葉であれ、音楽やダンスや芸術であれ、自分を表現する方法を見つけるところが、私たちが人間である所以である。さらに私は、多くの心理的問題は、自分自身を表現する能力が障害されることであると思う。そのような障害は、緊張型統合失調症と診断される人々の引きこもった状態から不安や抑うつ状態による表現の難しさ、あるいはカップルが互いの感情を表

現することの難しさまで多岐にわたる。重要なことのひとつは、心理療法ができることはクライエントが自分自身を表現する能力を解放する手助けであり、それによってクライエントは次第に「より自分らしく」感じ、「再び生き生きとする」ようになるのである。

　効果的なセラピーの真髄はクライエントの表現を促進することであると私は考えている。もしそうであれば、なぜロジャーズの「中核条件」が重要なのか、より理解できるであろう。《無条件の積極的関心（受容）》の条件に関連して言うと、もしクライエントがセラピストに対し、この人は自分が言っていることに批判的もしくは評価的だと感じるなら、クライエントは自分自身を表現することが簡単でないことは明らかであり、おそらく批判や評価を避けるために話す内容を修正するだろう。《一致》に関連して、もしクライエントがセラピストを信頼できないのであれば、クライエントの表現が妨げられることは同じく明らかである。信頼の欠如はいくつかの点で、クライエントの表現に影響を与え得る。例えば「セラピストは本当に自分のことを受容してくれているのだろうか」、あるいは「ちゃんと秘密を守ってくれるのだろうか」などである。

　《共感的理解》に関して、自分自身を表現するうえで誰かが理解してくれるかどうかは重要でないように思えるだろう。相手が話を聴いてかつ評価をしない限り、その人に理解されているかどうかは、自分自身を表現することとどのように関係するだろうか。セラピストがまだ理解していなかった場合、クライエントは「セラピストが自分のことを十分に理解してくれたら、それ以上は耳を傾けてくれないのではないか」と心配するだろう。しかしもちろん、それは完全な受容の例ではない。つまり、そのようなセラピストは、"中核条件"を十分に体現してはいないだろう。

　《共感的理解》はそれ自体がセラピーの要因であり、単なる受容の付属物ではないと言える。つまり、質の高い共感がないために自分が受容されたのかクライエントが分からないでいることよりも、クライエントが理解されたかどうかそれ自体が重要なのである。そこで現れてくる疑問は、「クライエントが自分を表現するために、なぜ、セラピストの共感的理解が重要なのか」ということである。

表現すること、一致、そして中核条件

この疑問に答えるには、表現することの社会的側面について考える必要がある。つまり、表現は純粋に個人の問題ではあり得ないということである。例えば、誰かが怒っていて、拳を他者に向かって振り上げ、しかし相手がそれを親しみの表現として受け取ったら、その人は自分の怒りをうまく表現できなかったことになる。あるいは、意見を求められて私が話したことを誰も理解できなかった時、私は本当に自分の考えを表現したと言えるのだろうか。もし歌手が歌のなかである種の繊細な気持ちを表現しようとしても、観衆のなかにそれを理解する人が誰もいなかったとしたら、その歌手は自分が表現しようとしたことを本当に表現できたのかどうか疑わしい。私たちが自分自身を表現することを学ぶ時、私たちは自分たちの文化でそれがどのように表現されるのかを学んでいるのである。私は笑顔とあたたかい抱擁とで自分の怒りを勝手に表現することはできない。それは私の文化における怒りの表現ではないからである。

　私が何かを本当に表現したのか確かめるためには、他者からのフィードバックが必要である。もちろん言っていることの全てを常にチェックする必要はない。特定の文化に所属しながら、次第にその文化での自分の表現の仕方が分かるのである（それが文化に所属するということである）。しかし、自己表現の仕方が分からなかったり、状況がいつもと違う場合には、私は誰かを頼って次のような会話をするだろう。

私　：私はこのことに腹が立っているんです。
　　　（他者はより細かな状況を聞き、そして言う。）
他者：うーん、もしあなた方が二人とも同じ考えだったなら、あなたが腹が立つのも分かります。でも私には、彼が同じ考えだったとは思えないのですが。
私　：そうですよね。彼は本当は私と同じ考えではなかったんです。でも私は何だか怒りを感じるんです。
他者：彼が本当に同じ考えでなかったとしても、あなたは腹が立つんですね。
私　：うーん、彼との間でもっとそのことをはっきりさせなかったのを馬

　　　　鹿みたいに感じることの方が大きいかなぁ。
他者：なんて言うか、悔しく感じているんですか？
私　：そう、私が感じているのはそれです。「悔しい」という表現がとて
　　　もぴったりです。

　誰かに傾聴や共感、リフレクトしてもらわなくともこのようなプロセスを進むことができるのも事実だ（私たちはしばしば、状況を丁寧に振り返ってこのようなことをするし、フォーカシングではこうしたプロセスを形式化している）。しかし、自分だけで取り組む時には、ふさわしい表現を見つけていくような他者からの反応はない。それがなければ私は「馬鹿みたい」で留まるかもしれないし、「何か腹立たしい」でとどまるかもしれない。そして、もしそのどちらかで終わっていたら、私は自分の感情を本当には表現しなかっただろう。他者からの《共感的理解》は、私がはっきり表現したと思うことを保証するうえで重要であり、そうして私は本当にはっきりと表現できたのである。他者は私と共にその状況を眺め、彼らが感じていることを表現する。このようにして私たちは、これをどのように表現したらいいか、より正確な意味を一緒に見つけていくのである。この鳥がワシであるかどうかを一人で認識することができても、自分の感情をどのように表現すればよいかを、必ずしも自分一人で決めることはできない。
　"中核条件"はセラピーにおいて非常に重要である。なぜなら、それなしにはクライエントが自分自身を表現していくことは困難であり、クライエントの表現が治療的変化の中核だからである。クライエントが表現することが治療的変化においてなぜ重要であるかについては他の論文に譲るが、私が最初に提案したように、それが重要であるということは誰もが同意するところであろう。方法を知らずして嵐が近づいていることが分かるように（それは気象学的データに基づくものであっても、直感によるものであっても）、表現することがセラピーにおいて重要であるということが、理屈抜きに私たちには分かるのである。

　　　　監訳：本山智敬（福岡大学）、三國牧子（九州産業大学）　　訳：髙下恵子（社団医療法人 聖恵会 福岡聖恵病院）

Column

看護と一致

広瀬寛子

　死にゆく人の元に行くのは苦しいし、怖い。それでも看護師は側に行き、ケアしなければならない。亡くなった患者を見送った直後に、別の患者のケアをしなければならない。患者の怒りを受けるのも看護師だ。このように、看護師は患者から様々な感情を日々、注ぎ込まれる。看護師は、「患者には笑顔で優しく」「患者に腹を立てない」といった暗黙の感情ルールに縛られ、自分の感情をコントロールすることが求められてきた。看護とは、いま、ここでの患者との対人関係を基盤として、患者に寄り添う姿勢が求められるが、一方で、感情労働の側面があるといえる。表面的に笑顔を取り繕うことは表層演技だ。ファーストフードの店員ならそれで許されるが、看護はそうはいかない。なぜなら患者は「真心」を求めるからだ。それゆえ感情表現だけでなく、感情体験までもコントロールしなければいけなくなる。その繰り返しの中で、やがて看護師は疲弊し、身も心も消耗していく。

　そんな看護師を救う一つの方法が、私はロジャーズのいう《一致》だと考えている。看護の中でも《受容》《共感》は取り入れられてきたが、《一致》は置き去りにされてきた。しかし、この《一致》こそが看護師のストレスマネジメントになり、患者を理解する手がかりにもなる。患者から様々な感情を注ぎ込まれるからこそ、看護師自身が自分の感情に気づくことが相手を理解する糸口になる。自分の中に生じたネガティブな感情に蓋をしてしまっては、患者の気持ちに気づくことはできない。まずは患者とのかかわりのなかで生じてきた自分の感情を認めることだ（自己受容）。これを私は「《一致》のステップ1」とした。「《一致》のステップ2」は患者に自分の気持ちを伝えることだ（自己開示）。患者に表現することで患者も何かしら返してくれる。そこからまた感じたことを伝え返す。その繰り返しの中で、患者への理解が深まっていく。

　自身の感情に気づくこと。それが患者がいま、まさに感じている苦しみを理解することに通じる。自分の弱さを認めることができたとき、同時に相手の弱さに共感できるだろう。

参考文献：広瀬寛子『悲嘆とグリーフケア』〔医学書院，2011〕

特別編

他学派からみた中核三条件

Congruence

なぜ不可能なのか？　からの出発
―関係という視点―

成田善弘

　四十数年前、私が精神科医になって精神療法を学び始めた頃、ロジャーズがとくに教育界において注目されていた。その頃に、もう何を読んだかも忘れてしまったが、ロジャーズの著作の翻訳や紹介をすこしばかり読んで、"三条件"つまり《無条件の積極的関心》《共感的理解》《一致》の三つについて知り、「非指示的に聴く」ということにも関心をもった。精神科医になったばかりで、精神療法家として何の技術ももたなかったので、まずひたすら患者の話を聴くことから始めようと思っていたから、「非指示的」というところに惹かれたのだろう。ひたすら聴きながら、患者がどういう体験をしているかを聴きとろう、感じとろうと努めた。患者とその人生に関心をもち、できるだけ共感しようと努めたといってよいと思う。

　しかし、患者が本当のところどう感じているかは、なかなかわからないし、「わかった」と思うときも、「自分はそうは感じられない」「患者がどうしてそんなふうに感じるのか不思議だ」と思うことがしばしばあった。また、私なりに「共感できた」と思うときでも、「それが本当の共感かどうか」「私の感じていることと患者の感じていることが同じかどうか」がどうしたら確認できるのか、わからなかった。経験を重ねれば重ねるほど、《共感》とは至難の業だと思わざるを得なかった。ただ、振り返ってみると、

《共感》しようと私なりに努力したからこそ、《共感》がいかに難しいかがわかってきたのかもしれないと思う。

《無条件の積極的関心》については、じつのところ、よくわからなかった。「患者一人ひとりを大切にし、ある評価軸で判断するのではなく、つまり、良いところは認め悪いところは認めないという態度ではなく、その人全体をありのままに受け入れること」らしいと思ったが、私を攻撃してくる妄想的な患者やある種のパーソナリティ障害の患者を無条件に肯定的に見ることなど、できそうもなかった。ただ、精神療法が奏功した例を振り返ると、初めからその患者になんとなく好感をもった例が多かったし、「はじめは必ずしもそうでなくても、面接を重ね患者の生きてきた歴史が見えてくると、だんだんその患者を肯定的に見られるようになる」というのが実感だったから、「患者に肯定的関心がもてると治療が進む」という感じはした。

《一致》については、「治療者が心のなかで感じたり思ったりすることと患者に対する言動が矛盾しないようにすること」であろうと思ったが、これもたいへん難しかった。患者に対して怒りや恐れや嫌悪を感じることもないわけではなかったが、それをそのまま患者の前で表現することなど、治療者としてはいけないような気がした。さらに、《一致》とは「自分に正直であること」と言い換えてもよさそうだが、そのことが患者への《無条件の積極的関心》とどのようにして両立し得るかが、わからなかった。私の実感としては、「患者に対して陰性の気持が生じてもそれがあらわにならないよう努める」、つまり「『これが仕事なのだから』と思って我慢して患者と接する」というのが正直なところであった。もしロジャーズがこの"三条件"を自身において本当に実現しているのなら、聖人の域に達した人だとしか思えなかった。

本書を読むと、ロジャーズ自身もこの"三条件"について留保をつけているように見える。

たとえば坂中論文によれば「完全なUPR（無条件の積極的関心）は理論的にしか存在し得ず、無条件は程度の問題であると述べている」とある。

なぜ不可能なのか？　からの出発

また《共感的理解》について三國論文では"put oneself in someone's shoes"（〜の立場で考える）という英語表現がとりあげられ、「本当にクライエントの靴の履き心地は分らない。"as if"（あたかも〜のように）の感覚を忘れないでいる事が大切なのである」とある。"as if"とは、「彼の立場に立ってみれば彼がそう感じるも無理はない」と考えることで、自分は必ずしもそうは感じないという場合も含まれるような気がするが、それをも《共感的理解》と言うのだろうか。

　また本山論文によると、《一致》についてロジャーズは「もし私が、自分はこのクライエントとの接触によってどうもつまらない感じがして、この感じが続くならば、私は彼のために、およびわれわれの関係のために、この感じを彼とともにわかたねばならないと思うのである」と言っている。「つまらない」と感じつつ《無条件の積極的関心》を向けることは、どのようにして可能なのだろう。あるいは「つまらない」という感じが、「患者の心の底にあるがいまだ意識されていない自分についての気持」であるかもしれず、そうだとすれば、治療者の感じた「つまらない」という感じは、じつは患者の心の底の気持に共感したものだ、ということもあり得る。分析家なら、患者の無意識を治療者が感じとったと言うかもしれない。しかしロジャーズには「無意識」という概念はないようである。どうもロジャーズ自身でさえ"三条件"の実現不可能性について少しずつ考えるようになっていたのではないか、と私は思う。

　ロジャーズならぬ私にとっては、"三条件"は「それに向かって努めることはできても、現実に達成することはほとんど不可能な理想」としか考えられない。ただ、私がひとつ誤解していたことがあった。私は"三条件"を、治療者たる者まずそれをクリアしなければならない条件だと思っていたのだが、坂中論文によるとこれは「建設的な人物変化のための必要十分条件」とあるので、必ずしも治療者がまずクリアしなければならない条件とは違うようである。ただし、もし私のように、この条件が努力目標になり得ても実現はほとんど不可能ということになれば、建設的人格変化もほとんど不可能になってしまう。それは、「おまえが治療者として至らないか

らだ」と言われてしまえばそれまでだが、私にとっては、それは「おまえが聖人でないからだ」と言われることと同じである。聖人でなければできない治療など、ふつうの人間である私には縁がない。

　私にとっては、「この"三条件"がそれに向かって努力するにもかかわらずなぜほとんど実現不可能なのか」を考えることが、治療者としての出発点になる。理由のひとつは、この"三条件"の一つひとつが満たすことが困難なうえに、たがいに矛盾するように思われることである。とくに《一致》と《無条件の積極的関心》との両立が、私には難しい。もうひとつは、「私が治療者として至らないから」ばかりではなく、患者の側の問題にも由来するのではないかと思うことである。つまり、私が患者の病理の影響をこうむったり、患者の転移に反応して逆転移を起こしたりするゆえに、"三条件"を満たせなくなる。

　そのあたりに注目することが、患者（と私）を理解する出発点になり、そこから患者をさらに深く理解するための、質問とか直面化とか解釈といった技法が出てくる。私の知る限りのロジャーズは、もっぱら治療者の「態度」を論じるだけで、治療者と患者の「関係」について語ることが少ないし、「技法」についてもほとんど触れていない。「非指示的に聴く」ということが技法といえば技法であろうが、これは精神分析のいう「自由連想」とどう違うのか。私が考える違いは、「自由連想」は、それを目指して患者に努力してもらおうという目標ではあるけれども、じつはそれが不可能であることが前提になっている。つまり、患者はいずれ自由に連想できなくなるから、そこに着目し、そこを抵抗として分析することが治療者の仕事になる。ロジャーズ派の人たちは、「非指示的」に面接していて、患者が話しをしなかったり、まるでつながりのない話題に転じたりしたときに、どうするのか。

　ロジャーズは"三条件"はあくまで「態度」であって「技法」ではないと言うが、「態度」は「技法」を通してはじめて目に見えるようになるのではないか。「技法」につながらない「態度」は、どのようにして患者に伝わるのであろうか。

なぜ不可能なのか？ からの出発

ここまで書いてきて、私がロジャーズから次第に精神分析に関心を移してきた理由が、自分なりにあらためてわかったような気がする。

　　　　******　　　　　　******

　精神分析では《共感》という用語はほとんど用いられてこなかった。フロイトはEinfühlungということばを何度も用いていて、それがempathyと訳されてスタンダード・エディションの索引にも出ているが、一般心理学のことばとしてであって、精神分析の専門用語ではない。Einfühlungは一般に「感情移入」と訳されている。これはつまり「ある対象に対して自分が感じた感情を対象に投げ入れて、対象がそう感じているかのごとく思う」ということだろうから、対象がほんとうはどう感じているかは、わかっていないことになる。

　精神分析のなかで《共感》を専門用語としてもちいたコフートは、激しい批判を受けた。《共感》が「同情」にも似た、感情移入的なものだと捉えられたからであろう。それに対してコフートは、自身のいう《共感》を説明するのに、"なにが共感でないか"から始めている。コフートは《共感》を、同情や情愛のような特別な感情と結びつけてはいない。「共感は敵対的あるいは破壊的な目的で使われたり動機づけられたりすることもある」と指摘している。つまりコフートは《共感》を、情報やデータの収集活動ないしは収集プロセスとして概念化しているので、「共感それじたいが治療的に有益な効果をもたらす」と考えているらしいロジャーズとは、かなり違っている。ロジャーズ流に考えて神秘的なものやセンチメンタルな世界に入ってしまう、ということを恐れたからであろう。

　ここまで書いてきて、私には、ロジャーズのいう《共感》もコフートのいう《共感》も十分にはわからない、必ずしも全面的には同意できない、ということが明らかになってしまった。しかし私は、患者がどう感じているかをできるだけわかりたい。そして、できれば追体験したいとは思っている。

Column

読書、物語作り、そして中核条件
―私の個人的見解―

ルース・ジョーンズ
本山智敬 訳

　この五年程のあいだ、私や親しい友人たちは、心に傷が残るようなとても困難な状況に直面しなければならなかった。私はその時々で援助的に振る舞ったが、人のいのちへの極度の不安や恐怖感に苛まれ、そして不公平さや脅威を前に怒りや苛立ち、無力感といったものを感じていた。

　この時期、私にとって読書が生きていくうえで不可欠なものになっていること、また、単に読書するというよりも読書を利用していたということに気づいた。これまでも読書はしていたが、このような読み方をしたことはかつてなかった。私はジェーン・オースティン*といった古典を多く読み始めた。最近知って興味深かったのは、第二次世界大戦の時にウィンストン・チャーチルもオースティンを読み、また戦争により心の傷を負った人たちは、その傷を癒すためにオースティンの本を与えられていたということだ。私にとって本を読むことで良かったのは、登場人物や誰と誰がつながっているかなどは考えずに、単に集中しなければならなかったということであった（本来ならば物語の流れを考えながら読むべきなのだが）。本を読んでいるあいだは、自らの苦しい状況について考えられなかったし、気を散らされることもなかった。他にも良かった点がある。物語のなかでは、すべてがうまくいかず、恋人同士も一緒になれなかったり、貧しい女性（この人が女性で、非力ではあるが、単に弱者なのではないという点が重要）が自分の人生を嘆いたりするが、最後には例えばエリザベスはダーシーと、ファニーはエドモンドと、エマはナイトリー氏と結婚したり、横柄な人は謙虚になったり、身分の低い者は高い地位を得るといった結末を迎えるというところだ。

　私はまた、多くの推理小説も読んだ。本選びにも大変こだわった。刑事が（意地悪で理解のない上司や困難な家庭環境に直面しつつも）予想に反して犯罪や不正を解決し、犯人は捕まって罰せられる（正義が貫かれる）。そういったまさに秀作を選んでは繰り返し読んでいた。私にとって、読んだ本の全てに'resolution'があったということが非常に重要だったようだ。オックスフォード英語辞典によると'resolution'には「解決する」という意味の他に、「ゆるむ、リラックスする」「（音楽の中で）不調

和から調和へと向かう」という意味もある。音楽において最後の和音が調和をもたらす時に身体的にも精神的にも安心し、心に染み入るのと同じように、小説のなかでも困難が解決すると、私は世のなかの全てがうまくいき、恐ろしいことが起きてもきっと解決するだろうと思えた。痛みは消えなくとも和らぐのだ。

　私はまたこの頃、孫娘に物語を書いたりもした。彼女はキラキラ輝くものが好きで、その物語では、彼女が世のなかのすべてのキラキラを手に入れ、家のなかをそれらで埋め尽くし、家族を屋根裏に閉じ込めてしまったので、世界や家族のなかに大混乱が起きたのであった。その国の女王様は、家来に命じてキラキラを集め、新しい王冠に使うキラキラ以外は、孫娘を満足させられるように（せめて少しでもなだめられるように）残しておいた。そこでようやく孫娘も、女王様が喜んでくれるなら少しくらいキラキラがなくてもいいよ、ということになった。私はこの物語のなかにも類似点を見いだす。つまり、混乱が解決されて皆のためになる、という点である。この時期に私がこの物語を書いていたことは、決して偶然ではないと思えるのだ。

　では、私の経験は、パーソンセンタード・アプローチや中核条件とどのように結びつくのだろうか。

　この数年間、読書は私にとってセラピーのようなものであった。私は自分自身の痛みに浸ることなく、本のなかの他者の痛みに共感することができた。自分の痛みがあまりに辛く耐え難い時も、私は本のなかの他者の痛みを解決したり、折り合いをつけたり、その痛みを自分のことのように経験することができた。現実の世界では未解決の問題があり（あるいは解決が不可能で）、とても耐え難く辛いと感じつつも、それから逃げ出すことができた。私は作者によって描かれた人物像に自分の経験を重ね合わせ、自分の痛みからは一歩離れて耐えることができた。つまり、私は本のなかに自分自身の経験を書き込んでいたのだ。痛みが徐々に和らいでくると、私は痛みを嘆くのではなく、受け入れるようになった。私は痛みを感じることを拒絶するのではなく、「当然私は辛いのだ、辛くないはずはない」と思えるようになった。

　読書が共感能力を高めることは知られているが、読書によって私は、ロジャーズの言う「あたかも～のように」という質の共感を（本のなかの登場人物に対するのと同様に）自分自身に対してすることができた。それは、この時の私にとって非常に重要なことであった。自分自身を理解することによって、私や私の身に起きていることを、我慢するのではなく、受け入れることが出来た。そしてその経験は自己に統合され、より一致した状態になったのだと思う。

＊イギリスの小説家（1775年–1817年）。彼女の作品は英文学の古典の一つとして高く評価されている。
付記　訳出にあたっては、九州産業大学大学院の山下弥恵氏の協力を得た。

---------- 聴いて学ぶ　中核三条件 ----------

クライエントの力とセラピストの専門性

村山正治

　ロジャーズの"中核三条件"について、編者三人で村山正治先生にインタビューをおこなった。これまでの"三条件"理論に捉われない、柔軟かつ新鮮で、常に先を見据えた村山先生の考え方に、我々は終始、大きな刺激を受けた。本稿は、二時間近くに及んだインタビューの一部を抜粋し、整理したものである。録音を逐語に起こす作業にあたっては、若杉智子さん、佐々木彩文さん、大嶌賢二郎さんに協力していただいた。記して感謝したい（本山智敬）。

ロジャーズについて

村山　　ロジャーズは人間性心理学の「理念」や「生き方」という意味でも、「方法論」という意味でも、独特のものを出してきた人だと思いますね。

編者　　人間観にこだわってますよね。

村山　　そうね、こだわるところがあるんですよね。各心理療法流派が明確にしていないが暗黙に仮定ないし前提となっている価値観を、その背後にある価値観を暴き出すということをやってきたところに魅力を感じます。

編者　　「人は変わっていく、常に変わっていく存在だ」みたいなことも言ってますね。

村山　　それは、彼が牧師を踏襲しなかった理由のひとつでもあって、自分の考えが絶えず変化しているので、ひとつの信念だけを信じることが出来ないと考えたのです。

編者　なるほど。その頃からそういうのがあったんですね。

村山　彼も柔軟でいろいろ変わったりして、こういう揺れるファクターを結構、持ってる人なんじゃないでしょうか。いろんなことに反応して、結構センシティブな人ですし。

編者　そうですね。それらを吸収しながら変わっていく。

三条件をトータルに考える

村山　私はこれ以上"三条件"で研究を展開していっても新しい成果は、あまり出てこないじゃないかって気もして。もうとことんまでやったんじゃないかな。例えば「六条件の三番目がどうだ」と言ってみてもね。あなたたちが一生懸命やろうとしてるのに水をかけるようだけれども。あれ自体はすごく大事です。あの"必要十分条件"論文は素晴らしいし、高く評価しています。けれど、あの発想だけで研究を進めても、何が出てくるかな、という疑問を感じます。

編者　むしろこの"三条件"のエッセンスじゃないですけども、やっぱりそこで大事にされてきたものもあって、それをあえて"三条件"とは言わないにしても、何かそこでロジャーズが言わんとしていたことを押さえていきたいなと思うんですよね。

村山　そこはパラドキシカルな感じがするんですよね。ひとつは、僕はやっぱり彼はリサーチのための条件を考えてた気がするんです。そうすると、ああいう風に三要素に分解することで非常に科学的な攻め方が出来るっていうね。彼は一方で偉大な科学者ですから。でもね、トータルに考えると、人間のなかでは、カウンセリングを実際にやっている時は"三条件"全部が機能してるんじゃないかな。そんなにこう、共感だとか、果たして分類できるんだろうかなって。例えば僕の場合はポジティブ・リガードがベースになっている気がする。そのポジティブ・リガードが先にあって、それで共感に至るんじゃないかと。

編者　そうですよね。「共感だけとか受容だけじゃなくて」っていう話

ですよね。

村山　《共感》だけを取り出して因子分析しても成果をあげてきましたが、僕はやっぱり"三条件"だけが単体で取り上げられるっていうのはあんまり生産的でないんじゃないかって感じがします。セラピストが機能している時は、この"三条件"が絡み合って機能しているのが現実ではないだろうか。

若手の学会発表とロジャーズ理論

村山　ロジャリアンの学会発表って日本ではあまりないじゃないですか。僕らはエンカウンター・グループではかなり発表してきた。でも個人療法でパーソンセンタード・アプローチ（PCA）の発表がほとんどないのはなぜだろう。それは"三条件"が災いしてるんじゃないかって思います。ケース発表でただひたすら一生懸命聴いてましたという人がいて、PCAの理論を充分知らないんですよ。でも、やっぱりそれなりにはよくなってるんだ。そこをなんで皆もっと強調しないのだろう。つまり、「それはセオリーがないから駄目だ」って学会では言われる。理屈をつけないと学会発表できなくなってる。学問の論理というのは効果と結びつかないんじゃないだろうか。下手すると"三条件"もそれになるんじゃないだろうか。実際の面接や関係の現実からどんどん離れてしまって。PCAの実践をやっている人をどうやってもっと真ん中に出してくるか。そういう人たちが大事なことをやっているんだ、これだけ効果をあげているんだっていうね。実は重要な仕事なんじゃないかっていう気がしていますよ。

編者　一生懸命聴いているっていう聴き方を、その人なりにどう言葉にしていくとか、そういうところが大事になりますね。

村山　結局、いいことやって効果をあげているにもかかわらず、理論がないために学会できちんと評価されなくなっているという現実が起こっていて、それを今後どういう風にしていくのか。あなた

方のやろうとしていることでそういうところをクローズアップしてくれるといいなって思っています。こういう本を読んで、もっとこう、あっ、自分がやったことはこれでよかったんだ、とかね。そういう人たちを応援していけたら……。

編者　確かにそういった応援になるといいですね。

村山　これまでヨーロッパに二回行きましたけど、一番印象に残っていることは、PCA にコミットしている人が高齢化していること。それは日本でもそうだけど、若い人が少ない感じがするんですよ。ヨーロッパをみて僕はそう思いました。若い人は認知行動療法がわかり易いと言っています。

編者　ロジャーズ理論も若い人に興味をもってもらわないと。若い人にとって魅力的じゃないと続かないですよね

村山　それもありますね。どう興味をもってもらうか。それをどうしたらいいかですよね。

クライエントの共感力、相互共感

村山　《共感》で言えば、昔、吉良さん、池見さんたちとプロセススケール、共感スケールを作ったんです。あのグロリアの面接を分析して、あれはものすごく良いことを学んだと思うんですけど。ロジャーズの共感といっても、一時間のうちに《共感》のレベルの質が上下していることを学びました。

編者　全部質が高いわけではないと。

村山　だけど、教える時は皆、「良い共感をしなきゃいけない」っていう風に教え込んじゃって、大変な間違いをしている。質の低い共感をしている内に段々、共感レベルが上がってくるとか、「共感はプロセスなんだ」っていう、《共感》っていう時にはそういうこともっと教えないといけない。だから質の低い共感あり。質の低い共感説のもっと良いところは、この頃ボハート Bohart って人がいますよね。この人はロジャーズのことを、まだパーソンセンター

ドじゃない、「セラピストセンタード」だって言ってるんです。
編者　ロジャーズでもまだパーソンセンタードではない（笑）。
村山　なぜかというと、ロジャーズは「セラピストの共感」しか言ってないじゃないかと。でも、自分の研究では質の低い共感でもクライエントの方が高い質の共感にしていく力があるんだと。そういう風に、相互の共感っていうのをもっと考えなくちゃいけない。というのは、《共感》論の今までの問題点は、何かセラピストがいい共感をしなければいけないということばかり強調されるんです。でも、それを受け止めているクライエントの方も共感力があるってことをもっと考えた方がいい。
編者　クライエントの共感力ということですね。
村山　私はある先生と討議したことがあるんです。「相互共感」という言葉を使う方がいいんじゃないかと思っています。つまり、一方的に共感しているという風にロジャーズの"三条件"ではなってしまうのだけれど、実際のインタラクションではそうではないんじゃないか。「『相互共感』っていう言葉の方が村山さんいいよねぇ」って。それは確かに私も納得するし、クライエントが持っている共感力をもっときちんと評価しなきゃいけない。「相互共感」っていう概念を使う方が、むしろロジャーズの《共感》が生きるし、セラピストだけが共感しているんじゃないという、そういう概念として捉えたら現実に近いし、面白いかなぁと思っています。もっと実践的になるのではないか、と。

クライエントが知っている

村山　2011年、九州大学での心理臨床学会の招待講演者のマーガレット・ワーナーの事例を聞いて、PCAのモデルが改めて大事なんだなぁって思いました。彼女は重症事例ではこっちからあまり手は出さないって言ってたんです。クライエントが言ってきたことに対してはきちっと対応する。そこが、やっぱりすごいコツなんだっ

　　　　　て。そのコツっていうのをちょっと私なりに言い換えると、要するに、必要な援助はクライエントが知ってるってことです。すごく重たいケースほどある意味でクライエントセンタードなんだっていうのを私は学んだんです。つまり、クライエントが何が必要かを知っている、そういう視点を僕らは持つ必要があるんじゃないか。自分を治すということにクライエント自身が責任もっている。PCAの原点。このことはPCAGIP法の体験からも学んでいます。

編者　　だからセラピストは何か言われたらそれにきちっと対応する。それをちゃんとやっていればいいですよね。

村山　　それがきちんと役に立っているんだってことをセラピストは認識したほうがいい。援助するということは、何でもかんでもやってあげようってことじゃないってこと。だからセラピストは自分のスペシャルなものを持っていないといけないっていうか、自分はこれができるんだみたいなね。そういった専門性をクライエントがしっかり利用する。セラピストはみんな、これだけじゃ駄目なんじゃないか、役に立っているのかなぁ、役に立っていないんじゃないかなぁって思ってしまうんですよね。けっこう役に立ってますよ。

編者　　でも役にたってるかどうかも、分かっているのはクライエントであってセラピストのほうでないことが多いから。

村山　　それがクライエントの知恵なんです。

編者　　生きる知恵はみんな持ってますよね。自分のこう大事なものをつかみ取ってやろうってものは。

村山　　ある意味でものすごく大事なことですよね。

編者　　それを信頼するっていうことは。

村山　　そう。だから余計なことをしなくても相手が必要に感じていることにちゃんと対応していくことで、すごく相手に貢献しているっていうね、なんかそういうことをマーガレットの事例と、PCAGIP法の実践から学習しているところです。マーガレットがうまくいっ

ているのはもしかしたら、そういうことかもしれないなって。パーソンセンタードの真髄なんじゃないのかな。クライエントを信じて余計なことをしない。でも必要だとされていることはちゃんとやろうみたいな、それだけ。

クライエントの力への信頼

村山　セラピストは「ロジャーズの"三条件"」って言い過ぎていないだろうか。大事だけど、やっぱりクライエント側の力、相互共感とか相互作用っていうのをもうちょっと考える必要がある。

編者　クライエントの力っていうのは前からも言われてましたけれど、改めて大事に考えたいところですね。我々はクライエントの力を信頼しているのかっていうところをもう一度考えてみる。

村山　でもあんまりそれを言うと、つまり、セラピストの専門性とは何かという話になってくるんですよね。そこを私たちはきちんと理論構築していかないといけない気もします。

編者　信頼するのも専門家だからできるんですよね。

村山　結局ね、ロジャーズは、クライエントの力を発揮するセラピストの条件の明確化と設定に一生かかったわけですよね。だけど、それでもまだセラピストセンタードだって言われる部分がある。だからもう一度、クライエントの力を信頼し直すという部分と、その相互作用のプロセスを学問的に固めるためにはどうしたいいかというのが、PCAの一番の課題なんじゃないですかね。

村山記
このインタヴューは三年前に行ったものである。セラピストの「専門性とは何か」については、本書のあとがきでも"三条件"について触れているので読んでいただけると、ありがたいです。私の意見の補足と参考になると思います。

ロジャーズの中核三条件
総合文献リスト

各文献末の略記について

C:《一致》巻所収　U:《受容：無条件の積極的関心》巻所収　E:《共感的理解》巻所収
数字は各巻のなかでの章番号（目次に記載）を示す──基礎編はボールド斜体

安部恒久（2006）『エンカウンターグループ──仲間関係のファシリテーション』九州大学学術出版会. U5

安部恒久（2010）『グループアプローチ入門』誠信書房. U5

安部恒久（2011）「メンバー体験の位置づけ」野島一彦監修／高橋紀子編『グループ臨床家を育てる』創元社. U5

Andreasen, N. (2001) *Brave new brain: Conquering mental illness in the era of the genome.* Oxford University Press. U3

Arden, J.B. & Linford, L. (2009) *Brain-based therapy with adults: Evidence-based treatment for everyday practice.* Wiley. U3

Baldwin, M. (1987) Interview with Carl Rogers on the use of the self in therapy. Baldwin, M. & Satir, V. (Eds.) *The use of self in therapy.* Haworth Press, 45-52. *U0*

Barrett-Lennard, G.T. (1962) Dimensions of therapist response as causal factors in therapeutic change. *Psychogical Monographs: General and Applied*, 76(43), 1-36. *U0*

Barrett-Lennard, G.T. (1981) The empathy cycle: refinement of a nuclear concept. Journal of Counseling Psychology, 28, 91-100. *E0*

Barrett-Lennard, G.T. (1986) The relationship inventory now: Issues and advances in theory, method and use. Greenberg, L.S. & Pinsof, W.M.(eds.) *The psychotherapeutic process: A researh handbook.* Guilford, 439-476. *U0*

Bate, Y. (Ed) (2006) *Shouldn't I be feeling better by now? Client views of therapy.* Basingstoke. Palgrave Macmillan. E6

Bebout, J. (1974) It takes one to know one: Existential-Rogerian concepts in encounter groups. In D. Wexler & L.Rice,(Eds) *Innovations in Client Centered Therapy.* Wiley. U6

Beck, J. (1995) *Cognitive therapy: Basics and beyond.* Guilford.　伊藤絵美・神村栄一・藤澤大介訳（2004）『認知療法実践ガイド・基礎から応用まで──ジュディス・ベッ

クの認知療法テキスト』星和書店. U3

Beebe, B. & Lachmann, F.M. (2002) *Infant research and adult treatment: Co-constructing interactions.* The Analytic Press. 富樫公一監訳 (2008)『乳児研究と成人の精神分析——共構築され続ける相互交流の理論』誠信書房. U3

Bohart, A.C., Elliott, R., Greenberg, L.S. & Watson, J.C. (2002) Empathy. In J.C. Norcross (Ed.) *Psychotherapy relationships that work: Therapist contributions and responsiveness to patients* (pp. 89-108). Oxford University Press. C6

Bozarth, J.D. (1995) Designated facilitators: Unnecessary and insufficient: A paper presented at the National Conference for the Association of the Developement of the Person Centred Approach. Tampa, Florida. U6

Brodley, B.T. (1998) Congruence and its relation to communication in Client-Centered Therapy. Person-Centered Journal, 5(2), 83-116. C3

Brodly, B.T. (1999) About the nondirective attitude, Person-Centered Practice, 7(2) 79-82. U0

Buber, M. (1970) *I and Thou.* Translated by Kaufman, W. Edinburgh, T&T Clarke. E6

Canfield, J. (2007a) *Becoming human: The development of language, self, and self-consciousness.* Basingstoke: Palgrave. C6

Canfield, J. (2007b) Wittgenstein on fear. In D. Moyal-Sharrock (Ed.) *Perpicuous presentations: Essays on Wittgenstein's philosophy of psychology* (pp.12-27). Palgrave. C6

近田輝行 (2010)「共感的コミュニケーション技能訓練のモデルとしてのインタラクティブ・フォーカシング」東京女子大学心理臨床センター紀要, 創刊号. E1

Colson & Horwitz (1983) Research in group psychotherapy. In H.I. Kaplan & B.J. Sadock (Eds.) *Comprehensive group psychotherapy.* London: Williams and Wilkin. (The authors cite a study by D. Malan at the Tavistock Clinic.). U6

Cooper, M. (2001) Embodied empathy, In S. Haugh & T. Merry (Eds.) *Empathy*, pp.218-219. Ross-On-Wye; PCCS Books. C3, U6

Cooper, M. (2008) *Essential research findings in counselling and psychotherapy: The facts are friendly.* Sage. C6

Cooper, M. & Ikemi, A. (in press) Dialogue: A dialogue between focusing and relational perspectives. *Person-Centered and Experiential Psychotherapies.* U2

Cooper, M., Watson, J.C. & Hoelldampf, D. (Eds.) (2010) *Person-centered and experiential therapies work: A review of the research on counseling, psychotherapy and related practices.* PCCS Books. U3

Cornelius-White, J.H.D. (2007) Congruence: An integrative five-dimension model. PCEP journal. vol.6:4, Winter. E6

Cornell, A.W. (2006)「アン・ワイザー・コーネル　東京ワークショップ」での発言. E4

Cornell, A.W. (2011)「アン・ワイザー・コーネル来日ワークショップ福岡」での発言. E3/E4

Coulson, A. cited in Colin Lago & Macmillan, M (1994) "Moments of facilitation in large groups". Paper presented at the 3rd. International Conference on Client-Centred & Experiential Psychotherapy, Austria. U6

Cozolino, L. (2010) *The neuroscience of psychotherapy: Healing the social brain.* 2nd ed. Norton. U3

土居健郎 (1961)『精神療法と精神分析』金子書房. U1

Freire, E. (2001) Unconditional positive regard: The distinctive feature of Client-centered Therapy. In J.D. Bozarth, P. Wilkins (2001) *Rogers' therapeutic conditions　volume 3: Unconditional positive regard.*. Bookcraft. E4

Freud, S. (1914) Erinnern, Wiederholen und Durcharbeiten. In Gesammelte Werk X. S. Fisher Verlag.「想起、反復、徹底操作」小此木啓吾訳 (1970)『フロイト著作集 6　自我論・不安本能論』人文書院. C1

Fromm, E. (1956) *The rt of loving.* Harper. E6

藤山直樹 (1999)「共感――不可能な可能性」成田善弘・氏原寛編『共感と解釈――続・臨床の現場から』人文書院. E3

Geller, S.M. & Greenberg, L.S. (2011) *Therapeutic presence: a mindful approach to effective therapy.* Magination Press, APA. E6

Gendlin, E.T. (1961) Subverbal communication and therapist expressivity: Trends in Client-Centered Psychotherapy with schizophrenics. Discussion Papers, Wisconsin Psychiatric Institute, No.17.「言語下でのコミュニケーションと治療者の自己表明性――分裂病者との来談者中心の心理療法におけるすう勢」村瀬孝雄訳 (1981)『体験過程と心理療法』ナツメ社. C5/E5

Gendlin, E.T. (1962) *Experiencing and the creation of meaning.* Northwestern University Press. C3

Gendlin, E.T. (1962) *Experiencing and the creation of meaning : A philosophical and psychological approach to the subjective.* Free Press of Glencoe.　筒井健雄訳 (1993)『体験過程と意味の創造』ぶっく東京. C5

Gendlin, E.T. (1964) A theory of personality change. In P. Worchel & D. Byrne (eds.) *Persnality Change.* John Wiley and Sons.「人格変化の一理論」池見陽・村瀬孝雄訳 (1999)『セラピープロセスの小さな一歩』金剛出版. C4/E3

Gendlin, E.T. (1968) The experiential response. In E.F. Hammer (ed.) *Use of* interpretation in treatment: Technique and art. Crune & Stratton. (http://www.focusing.org/jp/6steps_jp.html)　日笠摩子・田村隆一訳「体験的応答」. C4/E1

Gendlin, E.T. (1978) *Focusing. everest house.*　村山正治・都留春夫・村瀬孝雄訳 (1982)『フォーカシング』福村出版. C4

Gendlin, E.T (1984) The client's client: The edge of awareness. In R. Levant & J.M. Shlien (Eds.) *Client-Centered Therapy and Person-Centered Approach.* Praeger. E3/E5

Gendlin, E.T. (1996) *Focusing-Oriented Psychotherapy: A manual of experiential method.* The Guilford Press.　村瀬孝雄・池見陽・日笠摩子監訳／日笠摩子・田村隆一・村里忠之・伊藤義美訳『フォーカシング指向心理療法』上・下, 金剛出版. C4/E3

Gendlin, E.T. (1997) *A process model.* The Focusing Institute. C4

Gendlin, E. (1990) The small steps of the therapy process: How they come and how to help them come. In G. Lietaer, J. Rombauts & R. Van Balen (Eds.) *Client-centered and experiential psychotherapy in the nineties.* Leuven University Press.　ジェンドリン・池見陽 (1999)『セラピープロセスの小さな一歩』金剛出版. U2

Grafanaki, S., Brennan, M., Holmes, S., Tang, K. & Alvarez, S. (2007) In search of flow in counseling and psychotherapy: Identifying the necessary ingredients of peak moments of therapy interaction. PCEP Journal. Volume 6: 4. Winter 2007. E6

Grant, B. (1990) Principled and instrumental Non-Directiveness in Person-Centred and Client-Centred Therapy. Person-Centered Review, 5(1) 77-88. U0

Grawe, K. (2007) *Neuropsychiatry: How the neurosciences inform effective psychotherapy.* Psychology Press. (German original, 2004). U3

羽間京子 (2002)「治療的 Splitting について」心理臨床学研究, 20(3), 209-220. C0

羽間京子 (2004)「治療者の純粋性について――非行臨床から得られた知見」村瀬孝雄・村瀬嘉代子編『ロジャーズ――クライエント中心療法の現在』日本評論社. C1

羽間京子 (2009)『少年非行――保護観察官の処遇現場から』批評社. C1

Haugh, S. (1998) Congruence: A confusion of language, Person-Centred Practice, 6(1), 44-50. C3

Haugh, S. (2001) A historical review of the development of the concept of congruence in Person-Centred Theory, In G. Wyatt (Ed.) *Congruence.* PCCS Books. C3

Haugh, S. (2001) The difficulties in the conceptualisation of congruence: A way forward with complexity theory?. In G. Wyatt (Ed.) *Congruence.* PCCS Books. C3

Hebb, D.O. (1949) *The organization of behavior: A neuropsychological theory.* Wiley.　鹿取廣人・金城辰夫・鈴木光太郎・鳥居修晃・渡邊正孝訳 (2011)『行動の機構――脳メカニズムから心理学へ』(上) 岩波書店. U3

Hendricks, M.H. (2001) An experiential version of unconditional positive regard. J.D.

Bozarth & P. Wilkins (Eds) *Unconditional positive regard*. PCCS Books. C3

Hesse, H. (1972) *The glass bead game*. Holt, Rinehart & Winston. U6

広瀬寛子 (2011)『悲嘆とグリーフケア』医学書院．C0

Heyward, C. (1989) Touching our strength: *the erotic as power and the love of god*. Harper & Row. E6

Heyward, C. (1999) *When boundaries betray us*. The Pilgrim Press. E6

Hofstede, G. (1980) *Culture's consequences: International differences in work related values*. Sage. U6

保坂　亨 (1988)「クライエント中心療法の再検討」心理臨床学研究, 6(1), 42-51. U0

Hyde, L. (1983) The gift. *How the creative spirit transforms the world*. (2007) Cannongate Books. E6

Ikemi, A. (2005) Carl Rogers and Eugene Gendlin on the bodily felt sense: What they share and where they differ, Person, Person-Centered and Experiential Psychotherapies, 4 (1): 31-42. U2

池見　陽 (2010)『僕のフォーカシング＝カウンセリング――ひとときの生を言い表す』創元社．U2

JIP日本心理療法研究所 (2002)『アメリカ心理学会心理療法ビデオシリーズ　心理療法システム編　シリーズ第5巻　クライエント中心療法』．E4

Jordan, J., Walker, M., Hartling, L. (2004) *The complexity of connection. writings from the stone center's Jean Baker Miller training institute*. The Guilford Press. E6

Joseph, S. (2004) Client-centred therapy, post-traumatic stress disorder and post-traumatic growth: Theoretical perspectives and practical implications. Psychology and Psychotherapy, 77, 101-109. U3

鎌田陽子 (1994)「Active Listeningにおける新しい関係認知目録の作成の試み」岡山大学教育学部卒業論文．U0

河合隼雄 (1986)『心理療法論考』新曜社．C0

King, M.L. (1963) *Strength to love*. Fortress Press. E6

吉良安之 (2003)「対人援助職を援助する――セラピスト・フォーカシング」村山正治編　『ロジャース学派の現在』現代のエスプリ別冊, 至文堂．E3

Kirschenbaum, H. (1979) *On becoming Carl Rogers*. Delacorte. C0/C6

H. カーシェンバウム，V.L. ヘンダーソン編 (1989)『ロジャーズ選集』(上) 伊藤博・村山正治監訳 (2001) 誠信書房．C2

H. カーシェンバウム，V..L. ヘンダーソン編／伊藤博・村山正治監訳 (2001)『ロジャーズ選集』(上下) The Carl Rogers Reader. 誠信書房．U4

Klein, J. (2001) *Interactive focusing therapy: Healing relationships*. 諸富祥彦監訳／前田満

寿美訳 (2005)『インタラクティヴ・フォーカシング・セラピー』誠信書房．C4/E1

Klein, M.H., Mathieu-Coughlan, P. & Kiesler, D.J. (1986) The experience scales. In L. Greenberg & W. Pinsof (Eds.) *Psychotherapeutic process*. Guilford Press. C3

近藤邦夫 (1977)「受容と自己一致」佐治守夫・水島恵一編『心理療法の基礎知識』有斐閣．C0

越川房子監修 (2007)『ココロが軽くなるエクササイズ』東京書籍．U3

久能徹・末武康弘・保坂亨・諸富祥彦 (1997)『改訂ロジャーズを読む』岩崎学術出版社．C0

Lago, C & MacMillan, M. (Eds) (1999) *Experiences in relatedness: Group work and the Person Centred Approach*. PCCS Books. U6

LeDoux, J. (2002). *Synaptic self: How our brains become who we are*. Penguin Books. U3

Lewis, T., Amini, F. & Lannon, R. (2001) *A general theory of love*. Vintage Books. E6

Lietaer, G. (1984) Unconditional positive regard: a controversial basic attitude in Client-centered Therapy. R.F. Levant & J.M. Shlien (Eds) *Client-Centered Therapy and the Person-Centred Approach: New direction in theory, research and practice*. Praeger. C3

Lietaer, G. (1993) Authenticity, congruence and transparency. In D. Brazier (Ed.), *Beyond Carl Rogers*. Constable. C3/C6

Loevinger, J. & Wessler, R. (1970) *Measuring ego development I*. Jossey-Bass. U1

Lux, M. (2010). The magic of encounter: The person-centered approach and the neurosciences. Person-Centered and Experiential Psychotherapies, 9, 274-289. U3

Mann, E (2011) Does the first relationship support Carl Rogers' theory of interpersonal relationship? Unpublished Masters Degree Thesis. Temenos/ Middlesex University. U6

増井武士 (1994)『治療関係における「間」の活用』星和書店．C0/C2

Mearns, D. (1994) *Developing Person-Centred Counselling*. Sage Publications. 岡村達也・林幸子・上嶋陽一・山科聖加留訳 (2000)『パーソンセンタード・カウンセリングの実際』コスモス・ライブラリー C3/U4/*E0*/E4

Mearns, D. (1997) *Person-centred counselling training*. Sage. U-post

Mearns, D. & Cooper, M. (2005) *Working at relational depth in counselling and psychotherapy*. Sage. U-post/E6

Means, D. & Thorne, B. (1998) *Person-Centred Counselling in action*. Sage Publications. 伊藤義美訳 (2000)『パーソンセンタード・カウンセリング』ナカニシヤ出版．*U0*/*E0*/E4/E5

Mearns, D. & Thorne, B. (2000) *Person-centred therapy today: new frontiers in theory and practice*. Sage. E6

Merry (1999) *Learning and being in Person-Centred Counselling*. PCCS Books. U0

Merry (2004) Classical Client-Centred Therapy. P. Sanders (Ed.) The tribes of the Person-Centred nation: An intoroduction to the schools of therapy related to the person-centred approach. PCCS Books. 近田輝行・三國牧子監訳 (2007)『古典的クライエントセンタード・セラピー――パーソンセンタード・アプローチの最前線：PCA諸派のめざすもの』コスモス・ライブラリー. U0

Moyal-Sharrock, D. (2000) Words as deeds: Wittgenstein's 'spontaneous utterances' and the dissolution of the explanatory gap. Philosophical Psychology, 13(3), 355-372. C6

村瀬孝雄 (2004)「フォーカシングから見た来談者中心療法」村瀬孝雄・村瀬嘉代子編『ロジャーズ　クライエント中心療法の現在』日本評論社. U-post

村山尚子 (2008)「九州A町3園の実際」滝口俊子・東山弘子編『家族心理臨床の実際――保育カウンセリングを中心に』ゆまに書房. U4

村山尚子 (2008)「サポートグループ――二つのグループケース」伊藤義美編『ヒューマニスティック・サイコセラピー 1』ナカニシヤ出版. U4

村山尚子 (2010)「福岡人間関係のコミュニティ――エンカウンターグループと日常的つながりの意味について」エンカウンター通信400号, 福岡人間関係研究会. U4

村山正治 (1993)『エンカウンターグループとコミュニティ』ナカニシヤ出版. U4

村山正治編 (2003)「要約――実証的研究によって支持された治療関係」：第29部門特別委員会の報告要旨― Empirically Supported Therapy Relationships: Summary Report of the Division 29 Task Force」. 東亜大学大学院総合学術研究科臨床心理学専攻紀要, 2(1), 109-133. U0

中田行重 (1986)「フェルトセンス形成における Handle-Giving」九州大学教育学部紀要（教育心理学部門）, 31(1), 65-72. C3

中田行重 (1999)「研修型エンカウンター・グループにおけるファシリテーション――逸楽行動への対応を中心として」人間性心理学研究, 17, 30-44. C3

中田行重 (2005)『問題意識性を目標とするファシリテーション』関西大学出版部. C3

野島一彦 (2000)『エンカウンターグループのファシリテーション』ナカニシヤ出版. C3

野島一彦 (2013) 「大学院におけるエンカウンター・グループ・ファシリテーター養成プログラム」、跡見学園女子大学学部紀要, 1, 43-50. E2

野島一彦・下田節夫・高良聖・髙橋紀子 (2014)「グループの『構成』と『構造』――エンカウンターグループとサイコドラマの対話」跡見学園女子大学附属心理教育相談所紀要, 10, 27-37. E2

Norcross, J.C. (Ed.) (2011) *Psychotherapy relationships that work Evidence-based responsiveness* (2nd edition). Oxford University Press. U0/U3

岡村達也 (2000): カウンセリングのエチュード, 遠見書房

岡村達也 (2007)『カウンセリングの条件——クライアント中心療法の立場から』日本評論社. C0

岡村達也 (2010)「『理解すること』から『いま—ここに—いること』としての『反射』へ」岡村達也・小林孝雄・菅村玄二 (2010)『カウンセリングのエチュード——反射・共感・構成主義』遠見書房. U0/E0

大石英史 (1993)「境界例治療において治療者に要請されるもの——その内的・感覚的要件」下関市立大学論集, 第36巻第3号, 123-167. C2

大石英史 (2001)「実践的観点からみたクライエント中心療法——その課題と治療的工夫」山口大学教育学部研究論叢, 第51巻第3部, 51-65. C2

大石英史 (2002)「ロジャーズ『自己一致』再考——私にとってのクライエント中心療法」村山正治・藤中隆久編『クライエント中心療法と体験過程療法——私と実践との対話』ナカニシヤ出版. C0

大野 裕 (2010)『認知療法・認知行動療法——治療者用マニュアル』星和書店. U3

Perls, F., Hefferline, R.F. & Goodman, P. (1951) *Gestalt therapy: Excitement and growth in the human personality.* Souvenir Press. U3

Purton, C. (2004) Person-Centered Therapy: The focusing-oriented approach. Palgrave Macmillian. 日笠摩子訳 (2006)『パーソン・センタード・セラピー——フォーカシング指向の観点から』金剛出版. C4

Raskin, N.J. (1974) *Studies of psychotherapeutic orientation: Ideology and practice.* American Academy of Psychotherapists. E3

Rifkin, J. (2010) *The empathic civilisation: the race to global consciousness in a world in crisis.* Polity Press. E6

Rifkin, J. http://www.ted.com/talks/jeremy_rifkin_on_the_empathic_civilization.html E6

Rogers, C.R. (1939) *The Clinical treatment of the problem child.* Houghton Mifflin. 堀淑昭編／小野修訳 (1966)『問題児の治療』(ロージャズ全集第1巻) 岩崎学術出版社. C0/U0

Rogers, C.R. (1942) *Counseling and psychotherapy: Newer concepts in practice.* Houghton-Mifflin. U3

Rogers, C.R. (1942) Counseling and psychotherapy. Houghton Mifflin. 末武康弘・保坂亨・諸富祥彦訳 (2005)『カウンセリングと心理療法』(ロジャーズ主要著作集第1巻) 岩崎学術出版社. C0/U0

Rogers, C.R. (1951) Client-Centered Therapy. Houghton Mifflin. 保坂亨・諸富祥彦・

末武康弘訳（2005）『クライアント中心療法』（ロジャーズ主要著作集第2巻）岩崎学術出版社．C0/C3 U0/U3/E6

Rogers, C.R. (1957) The necessary and sufficient conditions of therapeutic personality change. Journal of consulting Psychology, 21, 95-103. Rogers, C.R. (1957) The necessary and sufficient conditions of therapeutic personality change. In H. Kirschenbaum & V.L. Henderson (Eds.) (1989) *The Carl Rogers Reader*. Constable.

伊東 博訳（1966）「パースナリティ変化の必要にして十分な条件」伊東博編訳『サイコセラピィの過程』（ロージャズ全集第4巻）岩崎学術出版社，pp.117-140． 伊東博訳（2001）「セラピーによるパーソナリティ変化の必要にして十分な条件」伊東博・村山正治監訳『ロジャーズ選集（上）――カウンセラーなら一度は読んでおきたい厳選33論文』誠信書房． C0/C3/C5/C6/U0/U2/U3/E0/E3/E4/E5

Rogers, C.R. (1959) A theory of therapy, personality, and interpersonal relationships as developed in the client-centered framework. In S. Koch (Ed) *Psychology: a study of science: vol .3 formulation of the person and the social context*. McGraw Hill, pp. 184-256. E6

Rogers, C.R. (1962) The interpersonal relationship: the core of guidance. In C.R. Rogers & B. Stevens *Person to person: the problem of being human*. Real People Press, pp. 89-104. E6

Rogers, C.R. (1958) The characteristics of a helping relationship. In C.R. Rogers (1961) *On becoming a person*. Constable. 「援助関係の特徴」諸富祥彦ほか訳（2005）『ロジャーズが語る自己実現の道』岩崎学術出版社． C0

Rogers, C.R. (1959) A theory of therapy: Personality and interpersonal relationships as developed in the Client-Centered framework. In S. Koch (Ed.) *Psychology: A study of a science, 3. Formulations of the person and the social context*. McGraw Hill. 伊東 博編訳（1966）「クライエント中心療法の立場から発展したセラピィ、パースナリティおよび対人関係の理論」『パースナリティ理論』（ロージャズ全集第8巻）岩崎学術出版社, 大石英史訳（2001）「クライエント・センタードの枠組みから発展したセラピー、パーソナリティ、人間関係の理論．」伊東 博・村山正治監訳『ロジャーズ選集（上）――カウンセラーなら一度は読んでおきたい厳選33論文』誠信書房． C3/U0/U6

Rogers, C.R. (1961) This is me. In H. Kirschenbaum & V.L. Henderson (Eds.) 1989 *The Carl Rogers Reader*. Constable. 村山正治訳（2001）『私を語る』伊東博・村山正治監訳『ロジャーズ選集』（上）誠信書房． C0

Rogers, C.R. (1961) *On becoming a person*. 諸富祥彦・保坂亨・末武康弘訳（2005）『自己実現への道』岩崎学術出版社. Toward a theory of creativity. In *On becoming a person.* Houghton Miffin. 東山弘子訳（1967）「"創造性"の理論をめざして」畠瀬稔編『ロージアス全集第6巻　人間関係論』． C3/E4

Rogers, C.R. (1962) The interpersonal relationship：the core of guidance. Harvard Educ. Rev.,32(4),416-429. 畠瀬直子（1967）「対人関係——ガイダンスの核心」畠瀬稔編『ロージアス全集第6巻　人間関係論』． E4

Rogers, C.R. (1963) *The concept of the fully functioning person, psychotherapy: Theory, research and practice*, 1. 村山正治ほか訳（1967）『人間論』岩崎学術出版社． C3

Rogers, C.R. (1965) The therapeutic relationship：recent theory and research. Australian Journal of Psychology, 17, 95-108. 畠瀬稔訳（1967）「サイコセラピイについての基本的認識」『ロージアス全集第6巻　人間関係論』． E4

Rogers, C.R. (1966) Client-Centered Therapy. In S. Arieti (Ed.) *American handbook of psychiatry*, vol.III, Basic Books.　伊東博編訳（1972）「クライエント中心療法」『クライエント中心療法の最近の発展』（ロージャズ全集第15巻）岩崎学術出版社． C3/U0

ロージャズ, C.R.（1966）『サイコセラピィ』（ロージャズ全集3巻）岩崎学術出版社． U1

Rogers, C.R.（Ed.）(1967) *The therapeutic relationship and its impact: A study of psychotherapy with schizophrenics.* the University of Wisconsin Press. 友田不二男編・手塚郁恵訳（1972）『サイコセラピィの研究——分裂病へのアプローチ』（ロージャス全集第19巻）岩崎学術出版社, 古屋健治編／小川捷之・中野良顕ほか訳（1972）『サイコセラピィの成果——分裂病へのアプローチ』（ロージャズ全集第20巻）岩崎学術出版社, 伊東博編訳（1972）『サイコセラピィの実践——分裂病へのアプローチ』（ロージャズ全集第21巻）岩崎学術出版社．U0

ロージャズ, C.R.（1967）『クライエント中心療法の初期の発展』（ロージャズ全集14巻）岩崎学術出版社． U1

Rogers, C.R. (1970) *Carl Rogers on encounter groups.* Harper and Row. U6

Rogers, C.R. (1971) Carl Rogers describes his way of facilitating encounter groups. American Journal of Nursing. Vol. 71, No. 2, Feb. pp.275-279.　U6

Rogers, C.R. (1972) *Carl Rogers on facilitating a group.* (A film available from the American Counseling Association.) http://schmid.members.1012.at/bibliocrr.htm.#films　(Reference checked on 7th December 2011). U6

Rogers, C.R. (1975) Empathic: an unappreciated way of being. The Counseling Psychologist. 5 (2), 2-11. E4

Rogers, C.R. (1977) *Carl Rogers on personal power: Inner strength and its revolutionary impact.* Delacorte Press. U6

Rogers, C.R. (1979) The foundation of a person-centered approach. In C.R. Rogers (1980) *A way of being*. Houghton Mifflin. 畠瀬直子監訳 (1984)「共感——実存を外側から眺めない係わり方」『人間尊重の心理学』創元社. C0/U2/U5/U6/E3/E6

Rogers, C.R. (1980) *Empathic understanding: an unappreciated way of being*. 畠瀬直子訳 (1984)「共感」畠瀬直子監訳『人間尊重の心理学』創元社. E3/E5

Rogers, C.R. (1986) A Client-centered / Person-centered approach to therapy, in H. Kirschenbaum & V.L. Henderson (Eds.) (1989) *The Carl Rogers Reader*, Mariner Books. 中田行重訳 (2001)「クライエント・センタード／パーソン・センタード・アプローチ」伊東博・村山正治監訳『ロジャーズ選集』(上) 誠信書房. C0/C5/E6

Rogers, C.R. (1986) Carl Rogers on the development of the Person-Centered Approach. In D. Cain (ed.) (2002) *Classics in the Person-Centered Approach*. Ross-on-Wye: PCCS Books. U6

Rogers, C.R. (1986) Reflection of feelings and transference. Person-Centered Review, 1(4) 1986, and 2(2) 1987, Reprinted by permission of Sage Publications, Inc. 「気持ちのリフレクション(反映)と転移」伊藤博・村山正治監訳『ロジャーズ選集』(上) 誠信書房. E2

Rogers, C.R. 畠瀬稔監訳 (2007)『ロジャーズのカウンセリング(個人セラピー)の実際』コスモス・ライブラリー. C0

Rogers, C.R. & Truax, C.B. (1967) The therapeutic condition antecedent to change : A theoretical view. In C.R. Rogers, E.T. Gendlin, D.J. Kiesler & C.B. Truax (eds.) (1967) *The therapeutic relationship and its impact : A study of psychotherapy with schizophrenics*. University of Wisconsin Press. 手塚郁恵訳 (1972)「変化に先だつセラピィ的な諸条件——あるひとつの理論的な見解」友田不二夫編訳 (1972)『サイコセラピィの研究』(全集第19巻). C0/C5

Roller, B. & Nelson, V. (1991) *The art of co-therapy: how therapists work together*. Guildford Press. U6

佐治守夫・岡村達也・保坂亨 (1996/2007)『カウンセリングを学ぶ——理論・体験・実習』東京大学出版会. C0/C1/U0

坂中正義 (2001)「ベーシック・エンカウンター・グループにおけるC.R.Rogersの3条件の測定——関係認知の視点から」心理臨床学研究, 19(5), 466-476. U5

坂中正義 (2002)「私とクライエント中心療法、もしくはパーソン・センタード・アプローチ——理論と体験の相互作用から」村山正治・藤中隆久編『クライエント中心療法と体験過程療法——私と実践との対話』ナカニシヤ出版. C0/U0

坂中正義 (2011a)「ベーシック・エンカウンター・グループにおけるC.R.Rogersの中核3条件の検討——関係認知の視点から」九州大学博士論文. U0

坂中正義 (2011b)「C.R.Rogersの中核3条件関係認知スケールの作成——最小限の項目での測定の試み」日本心理臨床学会第30回大会論文集, 347. *U0*

坂中正義 (2012)『ベーシック・エンカウンター・グループにおけるロジャーズの中核三条件の検討——関係認知の視点から』風間書房. *U0*

坂中正義 (2014)「クライエント中心療法におけるロジャーズの中核三条件」『人間性心理学研究』32(1), 5-11. *U0*

坂中正義 (2015a)「日本におけるパーソンセンタード・アプローチに関する文献リスト (2014) 南山大学人間関係研究センター紀要「人間関係研究」, 14, 241-274. *U0*

坂中正義 (2015b)「日本におけるパーソンセンタード・アプローチの発展——文献史を中心に」南山大学紀要『アカデミア』人文・自然科学編, 9, 167-176. *U0*

Sanders, P. (Ed.) (2004) *The tribes of the Person-Centred Nation: An intoroduction to the schools of therapy related to the person-centred approach.* PCCS Books. 近田輝行・三國牧子監訳 (2007)『パーソンセンタード・アプローチの最前線—PCA——諸派のめざすもの—』コスモス・ライブラリー. *U0*

Sanford, R. (1999) A brief history of my experience in the Person Centred Approach. In C. Lago & M. MacMillan (Eds) *Experiences in relatedness: Group work and the Person Centred Approach.* PCCS Books. *U6*

佐々木正宏 (2005)『クライエント中心のカウンセリング』駿河台出版社. *C0*

Schmid, P.F. (2001a) Authenticity: the person as his or her own author. dialogical and ethical perspectives on therapy as an encounter relationship. and beyond. In G. Wyatt, *Rogers' therapeutic conditions: evolution, theory and practice.* vol.1. Ross-on-Wye: PCCS Books. *E6*

Schmid, P.F. (2002b) Presence: im-media-te co-experiencing and co-responding. phenomenological, dialogical and ethical perspectives on contact and perception in person-centred therapy and beyond. In Wyatt, G & Sanders, P. (Eds) (2002) *Rogers' therapeutic conditions: evolution, theory and practice.* vol.4: contact and perception. Ross-on-Wye: PCCS Books. *E6*

Shostrom, E.L. (Ed.) (1965) *Three approaches to psychotherapy.* Psychological Films. *U3*

田畑　治 (1978)『心理治療関係による人格適応過程の研究』風間書房. *U-post*

田畑　治 (1988)「クライエント中心のカウンセリング」『現代のエスプリ252　カウンセリングの理論』至文堂. *U0*

Thorne, B. (2012) *Counselling and spiritual accompaniment: bridging faith and person-centred therapy.* Wiley-Blackwell. *E6*

Tillich, P. (2000 / originally1952) *The courage to be. second edition.* Yale University Press. *E6*

Tolan, J. (2003) *Skills in Person-Centred Counselling and Psychotherapy*, Sage. E0

Truax, C.B. & Carkhuff, R.R. (1967) *Toward effective counseling and psychotherapy: Training and practice*. 西園寺二郎訳 (1973)『有効なカウンセリング——その実施と訓練』(上). 岩崎学術出版社. U0/E0

Tuder, K. & Merry, T. (2002) *Dictionary of Person-Centred psycology*. Whurr publishers. 岡村達也監訳 (2008)『ロジャーズ辞典』金剛出版. U0

Tudor, K. (1999) *Group Counselling*. Sage. U6

Tudor, L.E., Keemar, K. Tudor, K., Valentine, J. & Worrall, M. (2004) *The Person-Centred Approach: A contemporary introduction*. Palgrave MacMillan. U6

Tutu, D. (2004) *God has a dream: a vision of hope for our time*. Rider. E6

内田桂子・村山正治・増井武士 (1978)「カウンセリングにおける関係認知の分析」九州大学教育学部心理教育相談室紀要, 4, 80-106. U0

氏原　寛 (2002)『カウンセラーは何をするのか』創元社. C2

Warner, M. (2011) Working with Difficult Client Experience.「難しいクライアントとのセラピー」日本心理臨床学会年次大会特別講演. E0

Wibberley, M. (1988) Encounter. In J. Rowan & W. Dryden (Eds) *Innovative therapy in Britain*. Open University Press. U6

Winnicott, D.W. (1965) *The maturational processes and the facilitating environment: Studies in the theory of emotional development*. Hogarth Press, International Universities Press. C1/U3

Wittgenstein, L. (1982) *Last Writings on the Philosophy of Psychology*. vol.1. Blackwell. C6

Wittgenstein, L. (1997). *Philosophical investigations* (2nd ed.). Blackwell. C6

Wood, J.K. (2008) *Carl Rogers' Person Centered Approach: Towards an understanding of its implications*. PCCS Books. U6, post

Wyatt, J. (ed.) (2001) *Congruence*. PCCS Books. C4

索　引

- Cは《一致》巻での、Uは《受容：無条件の積極的関心》巻での、Eは《共感的理解》巻での言及であることを示す。
- ローマ数字ノンブルは「まえがき」での言及であることを、ボールド・イタリックは「基礎編」での言及であることを示す。
- アンダーラインは、見出に含まれた語であり、その範囲内に頻出することを示す。

[ア行]

愛（愛おしみ , 情愛 , 慈愛）　C*11, 22-23*, 94. U*6*, 24, 27, 93.

愛情　U27, 65, <u>86-98</u>.

アイデンティティ　U105. E89, 91.

アタッチメント　U48.

アート（〜セラピー）　U55. E99.

甘え　U25, 26.

安心（〜感）　C71, 77, 96. U11, 52, 56-57, 59, 62, 64, 70, 90. E4, 24, 26, 28, 35, 46, 49, 52, 54, 66, 73, 90, 99, 107.

安全（〜感 , 〜な緊急事態）　iii, iv. C52, 63. U11, 15-16, 45-46, <u>48-49</u>, 52-54, 56, 64, 70, 90, 93, 97. E29, 35, 41, 59, 99, 108.

意思　C38, 73. E10.

意志　U45, 95.

意識（〜化 , 変性〜 , 無〜）　ii. C*4*, 35, 41-42, 45-46, 51, 57, 79, 81, 92. U*12*, 15, 30, 45-47, 50, 54, 60, 70, 94, 97, 108-109. E*6*, 17, 34, 36-37, 46, 79, 83, 106, 109-110.

　変性〜　C72-73.

　無〜　C*4*, 31, 58, 79, 92, U54, 94. E*17*.

医師 - 患者関係　C*9*.

依存　C29. U25-27. E89, 91, 95-96.

　性〜　U104-106.

　相互〜　E89-90, 95, 98.

　薬物〜　U80.

いたわり　U33, 37-38, 40, 90.

一致　［他巻での言及］　U<u>5-6</u>, *14*, *17*, *19-20*, 30, 33, 36, 41, 47, 51, 54, 67, 69, 71-72, 74, 76, 82-84, 91, 93, 101-102, 104-106. E*5*, *13*, <u>*17-19*</u>, 29, 40, 69, 87, <u>92-93</u>, 98, 102, 106-107, 109-111.

　不〜　U*6, 14, 16, 20*, 47, 54, 74-76, 95. E93.

異文化　U79-80.

今ここ　C*16*, 36, 38, 40, 42, 52, 57, 60. U*13-14*, *17*, 65. E29, 88, 90-91, 93.

ウィスコンシン・プロジェクト　C*11*, 37, 68. U*12-13*, *18*.

うなづき　U*10*.

エンカウンター　vi. C*13*, 44, 99. U*16*, *19*, <u>63-65</u>, 69, <u>78-96</u>, 109-110, 116. E*4*, *7*, *20*, 24-25, 29, 35, 41, 107, <u>110-111</u>, 112.

　ベーシック〜　U*19*.

援助（〜関係，〜的） C*9-11, 12, 14-15, 19-22*, 36, 38-40, 42-43, 55, 60, 64, 72, 84, 102. U50, 54, 63, 67, 70, 82, 104-105, 116.

　〜者（被），〜職　I, vi. U*4, 19*.

親子　C*9*, 40. U33.

[カ行]

解釈　C39, 64, 80, 93. U*10, 17*, 22, 26, 51, 54, 79, 90. E*11*, 79, 99.

外傷　U50, 53.

カウンセラー，カウンセリング　頻出

　「カウンセリングと心理療法」　U*10*.

科学　C98. U34, 85, 111, 114, 116. E87.

　神経〜　U44-55. E23, 91.

学習　C102. U*19*, 25, 44, 48-50, 61-62, 97. E22, 37, 108-109.

家族　C29, 32, 96. U56, 58, 61, 67, 81, 110, 112. E51, 63, 71-72, 87.

課題　C30-31, 37, 55, 103. U*9*, 70, 72, 75, 95-96, 104, 117. E27, 36, 46, 72, 77.

語り　C*10*, 29, 48. E53, 55, 67.

価値　U*6-7, 11, 15*, 39, 83, 87-88, 92, 94, 96, 101, E36, 87-88, 90, 94-95.

　〜観，〜判断　iii. C*6, 18*, 97. U22, 78-79, 106. E*17-18*, 32, 34.

　〜の条件　U*15*, 39.

学校　C54. U43, 58-59. E46, 62, 72, 78.

　小学校　U43.

葛藤　C*11*, 17-18, 26, 27-28, 36, 40, 42, 49, 67, 72. U49, 61, 67, 79-80, 93. E40, 46, 49-51, 55, 90.

過程　頻出

家庭　C95. U56, 61. E*14*.

　〜裁判所　C26-27.

悲しみ　C67. U54, 105. E23.

可能性　C*13, 20*, 28-29, 37, 39, 58, 72, 92. U*19*, 43, 57, 79, 81, 86, 89, 93-95, 109. E*9, 18*, 34, 39, 54-56, 77, 92-93.

感覚　頻出

環境　C41, 59, 95. U33-34, 44-50, 54, 57, 61, 66, 109. E90, 93, 95, 99.

関係性　vi. C39, 52, 60, U43, 116. E33, 40, 55, 70, 86, 94, 96.

　関係認知目録　U*19*.

　関係の側面　U33-34.

看護　vi. C88. U38.

観察　C27, 41, 82. U93, E29, 33-35, 36, 39, 99.

感受性　C*20*, 63. E*16*.

感情　頻出

　〜移入　C94, E22, 23, 94.

　〜の反射　C*11-12*. U*10*.

　〜の明確化　U*10*, 52.

完全主義　U27.

感動　U105.

関与　C*11*, 26-27, 42. U57, 61, 68, 78.

緩和ケア　U67.

危機　C32.

企業　C9. U97. E69-70.

気づき　頻出

希望　C28, 30. U43, 65. E35, 93-94.

技法　C*23*, 40-41, 50, 52, 59, 62, 67, 93. U*4, 6-7, 10-11, 17-18*, 50-51, 53, 65, 74, 76, 101.

逆説　U87, 95. E65.

虐待　U62. E94.

逆転移　→転移

客観性　C*7*. U*10*.

教育　vi. C90. U*12*, 31, 79, 81, 87-88, 102, 111-112, 117. E37, 70, 92, 99, 109-111.

～分析　C60.

共感　頻出

共感的調律　U46.

共感的理解［他巻での言及］　頻出

共存　U68-71, 72-73, 76.

教師　C9, 54. U112. E70.

恐怖　C22, 95. U5, 54, 58, 67, 105. E12, 51-53.

キリスト教　E88, 90.

緊張　C5, 17, 81, 84. U54, 59, 64, 74, 92, 105. E35, 43, 47, 48, 50, 54, 75, 80, 93, 94, 95, 97.

クライエント　頻出

クライエント中心　C35-43, 44, 68. U11, 18, 23, 26, 31, 33, 41, 46-47, 47-49, 50-51, 51-52, 53-54, 73, 100, 102-103, 115-116. E67, 102.

「クライエント中心療法」　U11.

グループ　頻出

　～アプローチ　U68-76.

　～過程　U68-71, 72, 76.

　～構造　U68-70, 76.

　～不一致　U71, 74-76, 95.

グロリア　C100. U54.

訓練　C55, 62-64, 76. U103, 117. E11, 13, 26-28, 30, 88, 109-110.

傾聴　C60-63, 73, 87. U19, 90. E20, 27, 31, 32-33, 36, 39-40, 43, 51, 55, 69, 104.

ゲシュタルト　U16, 54.

ケース　C33, 99, 102. E31, 33, 36, 80, 82, 108.

顕在システム　U47, 54.

行為　C12, 37, 40, 67, 73, 82. U74, 102, 31-39, 90.

合意　U117.

交感神経／副交換神経　U52.

攻撃　C38, 51, 57, 91. U37-38, 71, 75, 80, 91. E38.

構成　C50. U45-46, 49. E39, 103.

構造　C6, 52. U11, 46, 54, 68-70, 76, E39, 102, 110.

肯定　頻出

行動主義　U87.

交流分析　U101.

心地よさ　C71.

個人　頻出

　～過程　U68, 71-76.

　～主義　U78.

子ども　C7, 24, 26, 28, 54, 82. U10, 24, 28, 43, 61-63, 85. E7, 40, 58, 60, 75.

コミュニティ　U56, 65, 80, 88.

コンテイニング　U102.

催眠療法　U102.

[サ行]

サポート　U62, 70, 113. E38-39. E58.

死　C18, 88, U13, 58, 67, 111. E51, 74, 88, 91, 96-97.

ジェニュインネス　→純粋性

ジェンドリン　C38, 57-61, 63, 68-69. U32, 34-35. E7, 24, 29, 78-79.

自我　U47. E50, 55, 72, 96.

時間　頻出

自己　頻出

　～探求　C37, U68, 71, 72, 74, 76. E57.

　～不在感　U74.

自己一致　→一致

自己開示　C39, 88. U70, 72, 108. E27, 89.

自己表明（性）　C7, 10, 12, 16-17, 37-41, 66-68, 73.

自殺　C18.

CCT →クライアント中心
指示的　E102-103.
自然科学的　U34.
実現傾向　U*17-18*, 29, 51, 82, 90, 104-105.
実証　C78, U*18*.
実存　C50, 53, 59, 63.
自伝的記憶　U49, 54.
指導　U102. E27, 29.
シナプス　U44, 53.
嗜癖　U104-105.
社会　頻出
　〜的相互作用　U48
自由　C*4, 7, 15*, 27, 35-36, 45, 79-80, 84, 93. U*11*, 24, 26, 57, 62, 64-66, 102. E59, 96, 99.
宗教　U103, E88.
終結　C24, E71, 75.
集団　C*9*, 24. U*12*, 61, 74, 78, 85, 102, 106, 113. E78, 79-81.
　〜主義　U78.
主観的　U*17*, E*17*, 24.
主体性　C37, U70, 73-74.
守秘　E33.
受容［他巻での言及］　iv. C*7, 9*, 17-19, 24, 26, 29-30, 36-37, 40, 44, 51, 54, 59-60, 62, 64-65, 67, 71-72, 76-79, 85, 88, 98. E*12*, 17-19, 24, 40, 51, 59, 69, 87, 88, 93-94, 99, 106, 109-110.
純粋性　C*11, 16*, 26, 30, 35, 46, 55-56, 65, 78, U*15-16*, 116.
障害　C40, 84, 91. U44, 50. E102.
条件つきの　U*12, 16*, 27, 39.
照合枠　ii. C47-48, 49-52. U6, 47, 83. E*5-7*, 24.
上司　C*9*, 95. U97.

症状　U45. E50, 51, 54-55, 103-104.
情動　C*7*. U45-50, 53-55.
職業　U100, 105. E35, 69.
職場　C*9*, 71. U97. E15, 75.
人格→パーソナリティも　iv. C*5, 9*, 66, 92. U*6, 7, 14, 20*, 32, 33, 35, 39, 51, 111. E*5, 13*, 54, 56, 77, 81.
　〜理論　U*20*, 39.
神経科学　U44-55. E23, 91.
神経症　C11, 41-43.
神経ネットワーク　U45-46, 48, 49, 51, 54.
真実　iii, C*5, 13*, 40, 44, 55-65, 77-78. U67.
心身　E34, 50, 70.
人生　C*22*, 90, 95. U48, 55, 112. E*14-15*, 70, 87, 91, 93.
身体　C*7*, 40, 42-43, 81-82, 96. U50, 61, 67. E23, 25-27, 35, 62, 90-91.
診断　C*21*, 84. E37.
信頼　C*9*, 30-32, 51, 54, 59-60, 78-80, 85, 102-103. U*11*, 16-18, 45, 54, 89-91, 96, 102. E*8*, 20, 33, 37, 49, 79-81, 82, 96, 99.
神秘　C94.
親密　U81, 105. E63, 86, 91.
心理学　Ci, *7, 13*, 94, 97. U*1, 10*, 87, 101, 103, 109, 116. E*1, 22*, 56, 67, 83.
心理的接触　C*12*. U32, 36, 57.
心理療法　頻出
人類学　U103.
ストーリー　E58.
スーパーヴィジョン［〜ヴァイズ，〜ヴァイザー］　C24, 45, 60. U94, 95, 112-113. E36, 69, 93-94, 103.
スピリチュアリティ　C72.

索引　121

性依存　U104-105.

生活　C*14*, 28-29, 32. U56, 61, 72, 110. E*16*, 33, 55, 74, 77, 82-83, 87, 103.

制御　U45-46, 48-49, 52. E96.

制限　U*10-11*, 27-28, 29, 55. E64, 102.

誠実な信頼　U102.

精神医学　U103, 109.

精神疾患　U44.

精神病　C*11*, 68-70. E55, 102.

精神分析　C38-39, 84, 93-94. U47, 51, 80, 84, 101, 103, 116. E79, 111.

精神療法　C90-91.

成長　頻出

性的　E92-94.

生命　C*8*, 54, 58. U82. E94.

責任　C46, 53, 60-61, 102. U25, 63, 86, 92. E70, 111.

積極的傾聴　E69.

接触　ii. C*5, 12*, 72, 76, 92. U6, 12, 31-32, 36, 57, 81-82, 84. E*5*, 40, 87, 89-91, 93, 95, 97-98.

説得　C60. U43. E94.

セラピー, セラピスト　頻出

セルフヘルプ　U87.

　〜システム　U47, 54.

潜在　U46, 49, 54. E80, 82, 88, 98.

全体論　E98.

選択　iv, v. C*18*, 31, 33. U*5, 14, 16, 17*, 86, 89, 92, 102. E34, 50-51, 70-71.

専門　C*13*, 50, 59, 94, 102-103. U*15*, 57, 78, 80, 88, 92-93, 104-105, 117. E31-32, 35, 89-90, 99.

相互作用　C38, 52, 60-65, 68, 71-72, 76, 82, 103.

創造　C53. U*17*, 57, 62-63, 86, 89. E67, 96-97.

ソーシャル・スキル　U81.

[タ行]

体験　頻出

　〜過程　C46-53, 57, 58-59, 60, 62, 68-69. U*18*, 105. E24, 30, 55, 78-79, 109-110.

　〜的応答　C59, 60-62, 63.

　〜療法　U51, 54.

対象関係　C29, 33.

対人関係　C29, 45, 88. U61, 80-81, 85, 88. E67, 71, 73-74, 76-77, 81.

大切にする　iv. U*7-8, 14-15*, 24, 33, 37, 38, 40. E33.

態度　C93. U33-34, 101, 116.

他者　頻出

多面性　E86-87.

地域　E35.

知的　E*8*.

治療　頻出

伝え返し　→リフレクション

抵抗　C93. U25, 28, 43. E34, 88.

哲学　C57-58, 61. U11, 41, 81, 88, 103. E99.

転移, 逆転移　C22, 38, 59-60, 93. U26, 93.

統計　U51.

統合失調症　C*12*, 68, 69-70, 71, 84. U*12-13, 15, 18*, 109. E47, 50, 108.

洞察　U11, 54. E92.

当事者　C52, U43.

透明（性）　C*5*, *13-14*, 46-47, 52, 56, 59-60, 64, 78, 80. E*18*.

トラウマ　U105.

[ナ行]

内観　U117.

内的世界　E*8, 10*, 59.
ナラティヴ　U45-46, 49, 53, 114.
ニューロン　U45, 54. E23.
人間観　C97, U113.
人間関係　iii. C*9, 11, 15*, 35, 71. U*14*, 22, 24, 28-29, 32-34, 66, 79, 97, 101, 116. E40, 67-68, 87, 89.
　～療法　U101.
人間性　C50. U7, E89, 93.
　～心理学　i, C97.
認知　頻出
　～行動療法　C84, 100. U47. E102-104.
　～療法　U54, 100-102. E102, 105.
脳　U44-50, 52, 54, 85, 103, 109. E70, 90.
能動的感受　U102.
曝露療法　U49-50, 53.

［ハ行］
パーソナリティ　i, C*4-6, 9*, 40, 76, 91. U*14*. E*9*, 56, 67, 83.
パーソンセンタード　頻出
ハラスメント　U97.
発達障害　KEINE
犯罪　C27, 95.
反射　C*11, 12*. U*10*, 54.
ピア　KEINE
被害者　C29.
PCAGIP法　C102.
引きこもり　U57. E55.
非権威主義的態度　U*17-18*.
PCE療法　U51.
PCA →パーソンセンタード～　頻出
非指示　C90, 93. U1*0, 11, 17-18*, 31, 73, 86. E102.
　原理的～　U*18*.
　道具的～　U*18*.

ピース　KEINE
必要十分条件　i, C*8, 21*, 44, 45, 66, 70, 92, 99. U*5, 6-9, 9, 12*, 51. E*5*, 87.
PTSD　U50.
ヒューマニスティック　U62.
評価的　C77, 85. U*5*, 26.
ヒューマニズム　KEINE
表現　頻出
ファシリテーター　頻出
　コ・～　U92-95.
不安　頻出
フィードバック　C63, 86. U72, 91. E*9, 12, 16, 20*.
フェルトセンス　C58, 62, 67, 69-73. E24-26, 55, 61.
フォーカサー　C62, 63, 71. E25, 63, 64, 65.
フォーカシング　頻出
プライミング　U49-50.
プレゼンス　U*14*. E86.
ブローカ野　U49-50.
プロセス　頻出
辺縁　U*13*, 50, 54.
文章完成検査　U24.
分析心理学　U101.
変質意識状態　→意識
変容　U*8*, 32-33, 35, 44, 70.
保育　vi, U61, 62-63. E40.
防衛　C*15*, 26-27, 31. U*5*, 48, 52, 91.
保護観察　C26-29, 31-33.

［マ行］
マインドフルネス　E88.
認める　C88. U*8*, 33, 37-41, 73, 93. E88.
無意識　→意識
無条件の積極的関心　［他巻での言及］

索引　123

i-v, C*8*, *21*, 26, 28, 33, 78, 85, 90-93.
E*5*, *13*, <u>17-19</u>, 29, 40.
面接　頻　出
　〜記録　C21. U32. E51.
メンタライゼーション　U101.
森田療法　U101.
「問題児の治療」　C*7*, *12*. U*10*.

[ヤ行]
勇気　U29, 65, 72, 96. E45, 89-90, 95, 98.
有機体　C35, 41, 45, 52. U*15*, 82-84, 88, 91.
遊戯療法　U24.
夢　U70-71, 74.
要素　U33-34.
抑圧　U36-37, 57.
欲望　U102. E92-94, 98.
欲求　U*5*, 26, 52, 54, 61. E95.
来談者中心　→クライエント中心
ラホイヤプログラム　U69-72.
ラポール　U*4*, *10*.

[ラ行]
リーダー　C*9*. U31, 85-86, 93.
リフレクション　C87. U31-32, 90. E25-26, 28, 44, 56, 64, 66-67.
倫理　U*18*, 89, 102. E88-93, <u>94-95</u>, 98.
ロールプレイ　U*19*, 22-23. E24-25.
レゾナンスモデル　<u>C66-73</u>.

[ワ行]
若者　E86-87, 95.
ワークショップ　U65, 92. E56.
我と汝　C36, 59.

日本におけるPCAの発展とこれからの挑戦
―あとがきにかえて―

村山正治

監修者として本書を中心とした感慨を述べさせていただきたい。

日本社会と文化の中で発展してきたPCAの概観

　1950年代に日本にまかれたパーソンセンタード・アプローチPCAの種は、PCAに関心を持つ日本の先輩たちの努力と実践のなかで育てられてきた。ロジャーズやジェンドリンの著作はほとんどすべて翻訳されている。お陰で新しい情報はほとんど日本語で読める。また、ロジャーズやジェンドリンを日本に招待し、理論と実技を学び、留学してさらに深めて、この国でPCAの花を開花させてきた。私もその中の一人である。クライエントセンタード・セラピー CCTから始まり、70年代は、エンカウンター・グループの花盛りで実践と研究が大きく発展した。ラホイヤプログラムなどファシリテータープログラムに参加する人も多く出てきた。

　こうした土壌の上に、この10年、個人療法としてのPCAを深めたいという関心が高まってきた。これには、さまざまな職種の中で、PCAの専門性を問われてきた事情がある。このことに関連して、イギリスのパーソンセンタード・セラピー PCTを牽引してきた、デイブ・メアンズ、キャンベル・パートン、ミック・クーパーを招待することができた。また、アン・ワイザー・コーネルをはじめ、フォーカシングの優れたトレーナーの支援もあって、日本に多数のトレーナーが生まれてきた。日本人間性心理学会が『人間性心理学ハンドブック』〔創元社, 2012年〕を刊行して、若い大学院生たちに最新の知識を伝達することに貢献した。

こうしたエンカウンター・グループとフォーシングという二つの潮流の中で、PCAの個人の実践家・研究者たちが育ってきた。ここでさらに、日本におけるPCAの発展を目指して、三人の編者による本シリーズが生まれてきたのである。実にタイムリーな企画である。

本書の特色

◆この三分冊の構成について

編者たちのアイデアが素晴らしい。基礎編／発展・実践編／特別編の三本立てシステムである。例えば、本書《一致》分冊をとりあげよう。本山の基礎編は《一致》のポイントを丁寧に整理してあるので、これからPCAに取り組む人だけでなく、私のようなベテラン(?)にも役に立った。その秀でたところは、論点を明確に提示しているところにある。だからこそ、これからの実践と研究に役立つのである。

◆執筆者の多様性と国際性

執筆陣はPCA、フォーカシング指向セラピー、精神分析の専門家、英国からの寄稿者と多様性に富んでいる。まずこれだけでも、多様性を大切にするPCAのスピリットを感じる。しかも、内容を読んでいただくと分かるように、精神分析家が率直に"ロジャーズの中核三条件"への体験的感想を述べてくれているなど、異流派間のさわやかな交流にもなっている。

編者たちは国際学会で活躍しているが、池見陽、日笠摩子、三國牧子、中田行重など英語が達者で国際的に活躍している人たちが、日本語と英語を駆使して、外国理論を使いながらの分かりやすい説明は、読んでいて説得力がある。PCAの現時点における最良のマップが提供されていて、一読者でもある筆者にとっても、たいへん嬉しいことである。

◆執筆者自身の臨床事例による三条件検討の迫力と豊かさ

本書には、正確な翻訳や紹介だけでなく、日本人のPCAのアイデンティティを持つ心理臨床家の「事例」がたくさん出てくることは素晴らしい。

読者にとっては、PCAのモデル事例として大いに参考になるし、PCAで臨床をやってみる契機や勇気を与えてくれるだろう。

　また、《一致》というキー・コンセプトを駆使しながら、寄稿された臨床家が自身の体験をもとに自説を展開していることは、日本のPCA志向の心理臨床家がここまで成長してきていること、ここまでやれるぞという感じを、若い世代に期待を抱かせてくれるものである。私自身、本書を読んでいろいろインパクトを受けているが、紙数の関係でごくわずかの例にしか触れることができない。

　大石英史の「セラピストの葛藤の治療的活用」には、私自身の臨床体験に照らしながら活用できるヒントがたくさん詰まっており、読み手と執筆者とが出会う楽しみがある本である。中田行重によれば、ファシリテーション論は結局「ファシリテーター論に行き着く」という。そうした指摘も興味深い。甘え理論で有名な土居健郎の「専門性と人間性」を借りれば、PCAの本領は、「専門性」としての知識よりは、セラピストとクライエントが互いに向き合い、その関係性を両者がともに生きるという「人間性」にウェイトをおく仮説に立っているところにある。そこにきびしさとあたたかさが生まれることに特徴があるのではないかと思えてくる。

◆体験過程理論からのコメント

　本書を豊かにしてくれているもう一つの要因は、「体験過程」理論の視点から、《一致》論へのコメントが述べられている点である。田村隆一の「レゾナンスモデル」や、「漸近線」説、日笠摩子の《一致》説の論理矛盾の指摘や、「デカルト・ニュートンパラダイム説にとらわれている」との指摘など、読ませる論点がたくさん出てくる。また、パートンの論文を読むと、「なぜ"中核三条件"が必要か」という論理の立て方が鋭く、謎解きの快感がある。そして《一致》に関してこれまでにない考えを提示されていて、興味深い。

　日本ではPCAとFOTの人たちは共存・共栄、交流も多いので、つながりを感じている。両者とも流派を超えた理論、仮説であることを前提にしている。今後の交流が望まれる。

「必要十分条件仮説」の革命的意義

　発表して60年が経つが、この仮説がいまだに心理療法研究の中心に座っている。今回の我々の三分冊も、この"三条件"を取り上げている。「仮説」という言葉を入れたくなるので、入れてみた。本書を読めば分かるように、ロジャーズの論文を基礎にして、"三条件"仮説をめぐる新しい知見が続々出てきていて、60年間の進歩を感じさせてくれる。しかし、同時に原点にも触れてみたくなった。改めて、私なりの感慨を述べてみたい。

◆ロジャーズの科学者魂

　私は本書を読んで、ロジャーズがなぜ"三条件"論文を書いたか、その目的や動機を改めて知りたくなった。翻訳で読んでみると、"三条件"の重要性はもとより、改めて、ロジャーズのこの名論文に込めた思い、あまりにも革新的な内容に彼自身がおののきながら挑戦している、という心の琴線に触れられた気がしたのである。ロジャーズの柔軟で繊細なセラピスト魂とともに、優れた科学者魂に触れた気がしたのである。そこで私が感じたことを書いておきたい。きっと読者の方も共鳴されるに違いない。

　ロジャーズは論文冒頭に「私は長い間、休むことなく、セラピーという形の対人関係に没頭してきたが、その微妙にして複雑な組織の中に内在しているどんな秩序性、統一性でも見つけたいと努力してきた」と述べている。この論文は、心理療法の科学的研究（リサーチ）に画期的な道を開いた論文である。ノクロスらの最近の研究でも、三条件の中でも「共感」はセラピー効果と最も高い相関があることが分かってきている〔クーパー 2008〕。

◆論文の革命的なところ、従来の治療理論と根本的に異なる視点

① "必要十分条件"仮説は、CCTの条件設定ではなく、あらゆるタイプのセラピーに共通する条件であることの強調。ロジャーズはこの時点で、すべてのセラピーに通用する「仮説」設定に挑戦したのである。そのことに注目しておきたい。今日の統合療法、「コモンファクター」の流れを50年先取りしている。

② サイコセラピーを、特別な人間関係としてではなく、日常のすべての人間関係に共通している条件として設定している。この条件は、教育、医療看護、福祉、非行臨床、親子関係、企業の上司部下関係、軍隊組織などあらゆる対人関係とその組織に通ずる仮説であるとしている。これも、彼の科学論からの展開の一つである。もちろん、これからの検証が必要である。検証していきたい気にさせるものがある。

③ セラピストの訓練に、専門的知識は不要である。セラピスト訓練は体験学習によって学習できるものである。ロジャーズのこの仮説はこれまでの見解をひっくり返す大仮説であるだけに、知的学習の位置付けなどもっと研究が必要である。

④ サイコセラピーにクライエントの正確な診断は必要ない。いわゆる「診断不要」論である。私たちはこの問題に、じっくり自己の臨床体験から応える必要がある。この仮説は、社会的な葛藤と制度論の根幹を揺さぶる論争を生みやすいので、慎重に対応したい。

⑤ 研究の必要性。「サイコセラピーだけが建設的人格変化を起こす唯一の場ではない」とし、教育機関、産業や軍隊、医療、非行臨床などでこの仮説を検証し、訂正、修正していくことは必要である。この点は②でも述べた。

⑥ "三条件"の比重について、「現時点では条件の全てが同じ比重を持っているとしか言えないだけである」としている。研究によってこの比重は変化するとも述べている。本書で扱われた"三条件"仮説の研究に、この比重に関する研究が多数出ていることも読者の興味を引くであろう。今後の重要な研究課題であろう。

⑦ 技術は、条件の一つを伝えるチャンネルとしてどれくらい役立つかを除けば、大して重要ではない。これも、臨床と実証研究を必要としている。

⑧ ロジャーズは「転移現象を扱うときも効果的なセラピストはその関係の中で自分の全体性、純粋性を伝えることが多い」としている。ロジャーズはこの時点ですでに、"三条件"をバラバラに扱っているわけでないことを提示している。このことにも注目したい。

以上の八点が、ロジャーズ論文を再読して、私の関心を引いた課題である。これらをあえて指摘したのは、本書の"三条件"仮説研究で問題にしていることの多くの課題が、すでに彼の論文提出時に課題として論じられていた点を示したかったからである。

　また、診断、セラピスト訓練などに関するロジャーズの問題提起は、21世紀に生きるわれわれ人間と社会、管理社会と人間の生き方などにかかわる重要課題であると私は考えている。これから十分検討・研究されると、21世紀に向けた人類史的な、興味深い人間理解につながる大きな課題であると私は思う。

今後の発展・挑戦──日本の文化・社会の中で挑戦していきませんか

　私は本書を読んで、日本の文化・社会の中で、PCAやFOT、精神分析などの連携と共同が生まれてきていると感じている。今後、新しいものが生まれてくることを楽しみながら待ちたい気持ちである。

　私のごくごく限られた範囲であることをお断りしながら、そのフォアランナーを挙げておきたい。野島一彦らは、東京でグループ研究会を立ち上げた〔2013〕。中田行重は、PCA個人セラピーの特色を鮮明にするリサーチを始めている。坂中正義は、グループにおける三条件モデルの実証研究を公刊している〔2014〕。永野浩二、中田行重らは学会で公開PCAデモンストレーションを行っている。杉浦崇仁らは、PCAグループにおける"三条件"の効果性を研究している〔2014〕。伊藤研一は、フォーカシングと精神分析との交流の学習会を開催している。日本からも研究の国際的発信がどんどん生まれてきているし、国際学会に参加する院生達が増えてきている。これも、嬉しいことである。

　新しい時代に入り、日本から世界に発信できる地力がついてきたと感じている。本書の刊行がその傾向をさらに促進してくれることを心から願って、ペンを置きたい。

執筆者一覧（目次掲載順——所属は第1版刊行時のもの）

《一致》

羽間　京子（はざま・きょうこ）	千葉大学教育学部
大石　英史（おおいし・えいじ）	山口大学教育学部
中田　行重（なかた・ゆきしげ）	関西大学臨床心理専門職大学院
日笠　摩子（ひかさ・まこ）	大正大学人間学部
田村　隆一（たむら・りゅういち）	福岡大学人文学部
キャンベル・パートン Campbell Purton	イーストアングリア大学
成田　善弘（なりた・よしひろ）	成田心理療法研究室
安部　順子（あべ・じゅんこ）	福岡教育大学教育学部
野口　真（のぐち・まこと）	元小学校教諭（現スクールカウンセラー）
広瀬　寛子（ひろせ・ひろこ）	戸田中央総合病院・看護カウンセリング室
ルース・ジョーンズ Ruth Jones	個人開業

《受容：無条件の積極的関心》

佐々木正宏（ささき・まさひろ）	聖心女子大学文学部
池見　陽（いけみ・あきら）	関西大学臨床心理専門職大学院
岡村　達也（おかむら・たつや）	文教大学人間科学部
村山　尚子（むらやま・なおこ）	心理教育研究所赤坂
安部　恒久（あべ・つねひさ）	福岡女学院大学大学院臨床心理学専攻
コリン・ラーゴ Colin Largo	個人開業
松木　邦裕（まつき・くにひろ）	京都大学大学院教育学研究科
大島　利伸（おおしま・としのぶ）	南山大学附属小学校
都能美智代（つのう・みちよ）	九州産業大学学生相談室
渡邊　忠（わたなべ・ただし）	一般社団法人日本産業カウンセラー協会
エイモン・オマホリー Amon O'Mahony	イーストアングリア大学

《共感的理解》

近田　輝行（ちかだ・てるゆき）	フォーカシング研究所コーディネーター
永野　浩二（ながの・こうじ）	追手門学院大学心理学部
森川　友子（もりかわ・ゆうこ）	九州産業大学国際文化学部
下田　節夫（しもだ・もとお）	神奈川大学人間科学部
髙橋　紀子（たかはし・のりこ）	福島県立医科大学医学部
スザン・キーズ Susan Keyes	個人開業
山﨑　信幸（やまさき・のぶゆき）	京都府立洛南病院
本田幸太郎（ほんだ・こうたろう）	いわら保育園
寺田　正美（てらだ・まみ）	企業研修講師
小野　京子（おの・きょうこ）	表現アートセラピー研究所

編著者略歴

本山智敬（もとやま・とものり）

大分県生まれ。
1998年、九州大学教育学部卒業。
2003年、九州大学大学院人間環境学府博士後期課程単位取得後退学。
2003年、西南学院大学学生相談室常勤カウンセラー。
2009年～福岡大学人文学部講師。
2016年～福岡大学人文学部准教授、University of Nottingham 客員研究員（～ 2017年）。
著書に『パーソンセンタード・アプローチの挑戦』共著（創元社, 2011年）、『心理臨床のフロンティア』共編著（創元社, 2012年）、『人間性心理学ハンドブック』分担執筆（創元社, 2012年）など。

坂中正義（さかなか・まさよし）

山口県生まれ。
1993年、埼玉大学教育学部卒業。
1997年、九州大学大学院教育学研究科博士後期課程（教育心理学専攻）退学。
1997年、福岡教育大学教育学部助手。
2009年、福岡教育大学教育学部教授。
2011年、博士（心理学）学位取得・九州大学。
2013年～南山大学人文学部教授。
著書に『ベーシック・エンカウンター・グループにおけるロジャーズの中核3条件の検討』（風間書房, 2012年）、『傾聴の心理学――PCAをまなぶ：カウンセリング／フォーカシング／エンカウンター・グループ』編著（創元社, 2017年）、『［全訂］ロジャーズ――クライエント中心療法の現在』共著（日本評論社, 2015年）など。

三國牧子（みくに・まきこ）

アメリカ、ニューヨーク生まれ。
1987年、立教女学院短期大学幼児教育科卒業。
1997年、玉川大学文学部卒業。
小金井教会幼稚園教諭、Aoba Japan International School国語科教諭を経て
2012年、University of East Anglia 博士課程修了（PhD取得）。
2011年～九州産業大学国際文化学部臨床心理学科准教授。
著書に『子育て支援カウンセリング』共著（図書文化社, 2008年）、『グループ臨床家を育てる』共著（創元社, 2011年）、『人間性心理学ハンドブック』分担執筆（創元社, 2012年）など。

監修者紹介

村山正治(むらやま・しょうじ)

東京都生まれ。
1963年、京都大学大学院教育学研究科博士課程単位取得後退学。教育学博士。
九州大学大学院教授、久留米大学大学院教授、東亜大学大学院教授、九州産業大学大学院教授を経て、現在、東亜大学大学院特任教授、九州大学名誉教授。
編著書に『「自分らしさ」を認めるPCAグループ入門』(創元社, 2014年)『心理臨床の学び方』(創元社, 2015年) などがある。

ロジャーズの中核三条件
〈一致〉
カウンセリングの本質を考える①

2015年8月20日　第1版第1刷発行
2025年3月30日　第1版第13刷発行

監修者────村山正治
編著者────本山智敬
　　　　　　坂中正義
　　　　　　三國牧子
発行者────矢部敬一
発行所────株式会社 創元社

〈本　　社〉
〒541-0047　大阪市中央区淡路町4-3-6
TEL.06-6231-9010(代)　FAX.06-6233-3111(代)
〈東京支店〉
〒101-0051　東京都千代田区神田神保町1-2 田辺ビル
TEL.03-6811-0662
https://www.sogensha.co.jp/

印刷所────株式会社 フジプラス

©2015, Printed in Japan
ISBN978-4-422-11458-3 C3011

〈検印廃止〉

落丁・乱丁のときはお取り替えいたします。

装丁・本文デザイン　長井究衡

JCOPY〈出版者著作権管理機構 委託出版物〉
本書の無断複製は著作権法上での例外を除き禁じられています。複製される場合は、そのつど事前に、出版者著作権管理機構(電話 03-5244-5088、FAX 03-5244-5089、e-mail: info@jcopy.or.jp)の許諾を得てください。

『ロジャーズの中核三条件』を読むまえに

《パーソンセンタード・アプローチ》
All in One ガイダンス BOOK

傾聴の心理学

PCAをまなぶ

カウンセリング／フォーカシング／エンカウンター・グループ

創元社　2017年刊
A5判並製　212頁　本体2,300円＋税

本書の感想をお寄せください
投稿フォームはこちらから ▶▶▶